Money錢

Money錢

不敗（Buy）教主存股心法 2022修訂版

教你存自己的300張股票

陳重銘 著

Money錢

目錄

第3章

第4章

目錄

第5章

第6章

第7章

用本益比判斷合理價 低價買進好公司.. 175

第8章

創造股利現金流 打造退休聚寶盆......... 193

目錄

1兆台幣大家分
改變貧富差距從你開始

回到遙遠的民國70年代初期，當時在師大附中就讀的我，一直被媽媽告誡要好好用功讀書，希望將來可以考上師範大學，可是年輕時的我，只顧著參加游泳隊和天文社的活動，早早把課本丟到九霄雲外。等到去公司上班後，才體會到賺錢養家辛苦的一面，原來我從小到大讀了那麼多的書，結果就是「為了五斗米折腰」。

我開始了解到，為何我媽媽要我當老師、當公務員，所以我辭去了工作，開始了長達5年的流浪教師生涯，最後終於如願以償當了公立學校的教師，捧到了可以保障一輩子的鐵飯碗……但是鐵飯碗不會生鏽嗎？

不知道是什麼原因，從2011年起公務員已經連續7年沒有

自序

調薪；雪上加霜的是，2017年政府又推動了公務員的年金改革，我將來的退休金嚴重縮水了，公務員還會是30年前人人稱羨的鐵飯碗嗎？我的岳父母當了一輩子公務員，靠著薪水累積了2間台北市的房子，在20、30年前，物價、房價都算低廉，但是，現在物價跟房價越來越高，不要說買房子了，「活不起、住不起、養不起」也成為年輕人胸口永遠的痛。

2017年暑假，我受邀到經濟部、戶政事務所、學校等公家機關演講，深深感受到公務員的憂慮，以往受到國家保障的公務員，也要開始積極規畫自己的退休金。但是平心而論，公務員的退休金還是比大多數的勞工多一些，所以各位勞工朋友們，你們更應該要擔憂自己的退休金！

根據內政部統計，2021年台灣新生兒人數不到16萬人。少子化成了未來最嚴重的危機，台灣將在2026年進入超高齡社會，領退休金的老人會越來越多，但是工作繳稅的年輕人卻越來越少，政府的退休基金不會破產嗎？請問現在的年輕人，你覺得將來還可以領到足夠的退休金嗎？

2017年，台灣股市總共發放出1.27兆元現金股利，其中光是台積電（2330）就發放了1,815億元，但是外資從台積電抱走了其中的80%，也就是1,452億元，張忠謀董事長不禁激動地呼籲台灣人要多多投資台積電。錢不會從天上掉下來，只有我們實際去買進股票，才可以從這塊1.27兆元的大餅中分到一杯羹，而根據統計，2020年台股發放的現金股利已經來到1.54兆元。

台灣股市每年都會發放超過1兆元現金股利，這筆錢就成為有錢人和窮人的分野，有些富豪每年從中獲取數十億元，但是有更多人卻是一毛錢也分不到！表面上看起來好像是「不公不義」，但是我要提醒大家「遊戲規則是公平的」，每個人都可以從股市中搬錢，但前提是「你要買進股票」。如果你害怕投資，只敢把錢放在銀行定存，那麼這場「1.54兆台幣大家分」的遊戲，你永遠只能站在旁邊看。

我的前兩本「300張存股系列」《6年存到300張股票》、《每年多存300張股票》，分享了我個人20年來辛勤投資股

自序

票的心得。對我來說，投資股票最迷人的地方，就是可以幫自己創造「被動收入」，如今我每年可以從股市中提款數百萬，不僅讓我不用擔心公務員的年金改革，還可以早早退休來享受人生。

說完了我的故事，開始要請各位讀者來當一下主角，請你也努力存自己的300張股票，你可以創造自己的被動收入，誰規定你不能早早退休，享受人生呢？請記住：遊戲規則是公平的，你一定要來分享這筆每年超過1兆元的現金股利。

活了半個世紀，我感受到了時代的改變，台灣不再是幾十年前，只要努力工作就可以養家、可以買房子的時代了；有錢人善用金錢與投資的力量，讓財富持續往自己的方向傾斜，台灣早已經成為「富者越富、貧者越貧」的M型化社會！想要改變貧富差距，單靠政府是不夠的，重點在於我們要學習有錢人的方法，發揮知識與投資的力量，讓自己成為有錢人。

從2015～2018年，我連續出版了3本投資股票的書籍，也成立了部落格跟粉絲團，認識了許許多多的好朋友，對我來說真的是一場奇幻的旅程，我很感謝各位讀者的支持；不過「300張存股」系列，也會在這本書畫下句點。

對我來說，寫書的微薄版稅是其次，書本是一個傳遞知識的好工具，我想要靠著這3本書來改變台灣的貧富差距。

我相信有很多人不甘心一輩子辛苦上班工作，下場卻是活不起、住不起、養不起，我當了20幾年的上班族，了解其中的無奈辛酸，最重要的還是那一句話：「遊戲規則是公平的」，想要改變未來只能靠你自己，請你好好學習正確的投資理財知識，然後靠自己去打破貧富差距吧。

「1兆台幣大家分」的遊戲，每年都會準時上演，你怎麼可以置身事外，看著別人大把大把的分錢呢？

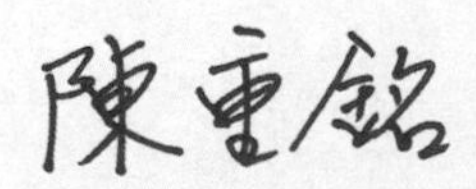

做聰明的懶惰者 別當勤勞的傻瓜

第1章

做聰明的懶惰者 別當勤勞的傻瓜

根據 2022 年 4 月美國財經雜誌《富比士》的「全球富豪排行榜」，特斯拉執行長馬斯克（Elon Musk）以 2,190 億美元的身價，拿下全球首富的寶座，亞馬遜創辦人貝佐斯以 1,710 億美元的身價緊追在後，第三名則是法國路易威登（LVMH）集團老闆阿諾特（Bernard Arnault）家族；股神巴菲特以身價 1,180 億美元位居第五。

在台灣富豪中，「神秘鞋王」張聰淵以 117 億美元淨資產獲得台灣首富頭銜，在全球排行 163 名。

這些超級富豪為何會這樣有錢？從比爾・蓋茲、貝佐斯、馬斯克、張聰淵、郭台銘……這些富豪身上可以歸納出兩個重點：「創業，然後將股票上市。」這就是這群超級富豪的最大秘密。

$ 創業 vs 投資 哪個容易變有錢人？

網路上流傳著一篇文章，鴻海的小工程師問郭董：「為什麼工作爆肝的是我，但台灣首富卻是你！」郭董霸氣回應：

第一，30 年前創建鴻海的時候，我賭上了全部的家當，不成功便成仁，而你只是寄出幾十份履歷表，然後來鴻海上班，且隨時可以走人，我跟你的差別在於「創業與就業」。

第二，我選擇從連接器切入市場，到最後跟蘋果（Apple）合作，是因為我眼光和判斷正確，但你在哪個部門上班，是因為你的學歷和考試後被分配的，我跟你的差別在於「選擇與被選擇」。

第三，我 24 小時都在思考如何創造利潤，每個決策都可能影響數萬個家庭的生計，以及數十萬股民的權益，而你只想什麼時候下班跟照顧好你的家庭，我們之間的差別在於「責任的輕重」。

創業的首要條件就是賭上全部的身家，先來看一個恐怖的故事好了，根據經濟部統計，2015 年新設立的企業有 9 萬 8,320 家，一般民眾創業在 1 年內倒閉的高達 90%，能撐過前 5 年的創業家，只剩下 1%；在 2021 年 5 ～ 7 月疫情最嚴重時，2 個多月關掉 3,700 多家中小型企業，看樣子「創業，然後將股票上市」恐怕沒有想像中容易與輕鬆。

不想「賭上全部身家去創業」，可否搭便車、請創業家幫我們賺錢？「股神」巴菲特就是靠投資好公司成為超級富豪的最好例子，懂得買進好公司的股票，就可以讓有錢人來幫我們賺錢。為何靠投資可以變成有錢人？有 2 個主要原因：

原因 1 本金越大 賺錢速度越快

2022 年郭董因為擁有 174.21 萬張鴻海股票，所以能夠領到 90.59 億元現金股利。相對地，如果是只有 174.21 張鴻海股票的中產階級，就只能領取 90.59 萬元現金股利，足足相差了 1 萬倍。要知道，2022 年鴻海「每股」配發 5.2 元現金股利，不論是郭董還小散戶，這個金額都一樣；如果想要多領一些股利，最重要的還是增加手中的股票張數。

原因2 透過複利 用時間累積財富

如果不是含著金湯匙出生的有錢人，小資族還是可以靠著「複利」和「時間」的加持，幫自己累積足夠的財富。

來看看巴菲特的投資人生，他出生於1930年，11歲開始在父親的證券經紀商工作，1982年巴菲特52歲那年，個人淨資產為3.76億美元，2022年他高齡92歲，卻擁有了1,180億美元的驚人財富，可以說他超過99%的財富，是在50歲以後才賺到的，可見「時間的累積」，是巴菲特成為巨富的一個重要、卻又很單純的關鍵原因。

股神的成功經驗，可以套用在一般上班族嗎？假設在30歲時投入100萬元，用平均年報酬率10%來計算，資產的累積狀況如下頁表所示；將數據做成直條圖之後，很明顯的可以看出呈現「等比級數」的走勢。什麼是等比級數？1、2、4、8、16、32、64、128、256……就是一個等比級數，可以看出越後面的數字，增加的幅度會越驚人。

等比級數告訴我們，投資股票其實不要急，重點在於找出正確的投資方式，然後一再地複製，在「複利＋時間＝等比級數」的發酵下，自然就會變成有錢人。

100萬元、年報酬10%資產成長狀況							
年齡（歲）	30	40	50	60	70	80	90
資產（萬元）	100	259	673	1,745	4,526	11,739	30,448

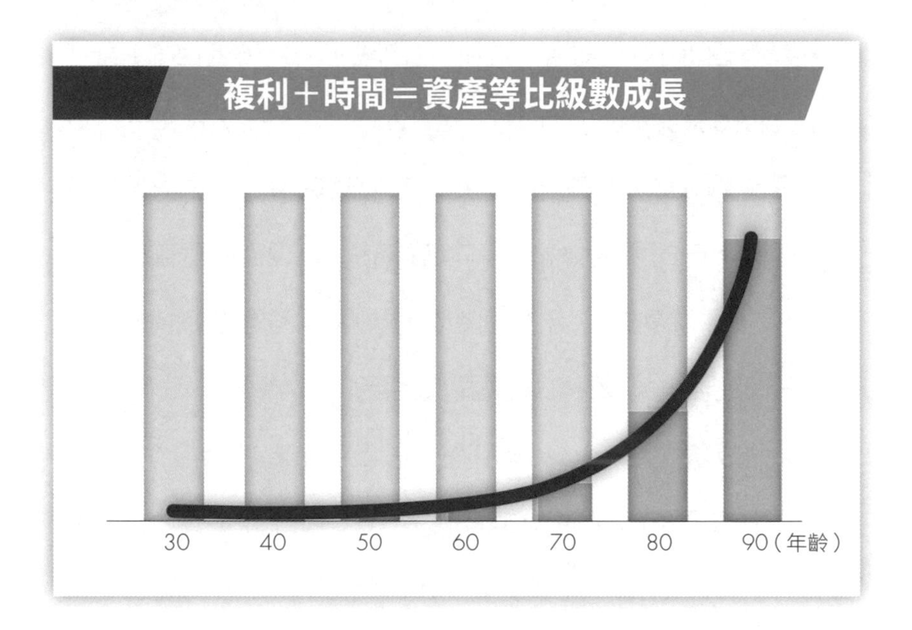

致富因子人人有 贏家關鍵在「熱情」

本金、複利、時間就是有錢人的 3 個秘密武器，巴菲特能夠成為投資界的傳奇，也只是靠著簡單的致富公式：①買進好公司的股票；②靠複利去累積。但是，我還要加上「熱情」這個因素。

「錢滾錢」是一個很漫長且無趣的過程，需要數十年如一日，不斷地把薪水、獎金、股利……統統丟進去，除了要縮衣節食、經歷長時間等待，更要忍受股災的侵襲，如果沒有「熱情」將很難辦得到。巴菲特曾經說過：「我不是想要有很多的錢，而是賺錢、看著錢長大，實在是太有趣了。」這就是熱情，從這些超級富豪的身上，我們可以學習到下面的精神：

精神1 創業要全力以赴

如果你有能力，也想要建立自己的企業王國，請你全力以赴、發揮自己的才華，創建公司並讓股票上市，看看已故「經營之神」王永慶建立的台塑王國，以及郭台銘打造的鴻海帝國，都是從無到有、白手起家，不僅將個人的能力發揮到極致，除了為自己創造富可敵國的財富，更幫助許許多多的勞工家庭得以溫飽。

精神2 投資股票要認真

如果不想承擔經營企業的風險，也不想花時間處理公司複雜的人事與業務，那麼可以買進好公司的股票，讓大老闆幫你賺錢。

買股票的好處是可以分散投資，你不大可能同時創立好幾家公司，卻可以同時買進好幾家公司的股票，但是要在這邊提醒一下讀者，想要投資股票就必須「自己做功課」，如果不肯花時間研究，只是在網路上、電視上打聽明牌，結果跟賭博完全沒有兩樣，還容易成為有心人士（老師、名嘴等）抬轎與倒貨的對象，將辛苦賺來的錢拿給別人隨便花。

請你思考一下，如果這些老師真的有明牌，幹麼不自己偷偷賺，為何要分給你賺呢？

精神3 買 ETF 長期投資

如果真的沒時間研究股票，那麼就買進追蹤指數的 ETF（指數股票型基金），例如台灣 50（0050）跟台灣高股息（0056），由於已經分散到數十家的績優公司，所以完全沒有變成壁紙的風險，這類型 ETF 很適合採用「定期定額＋逢低加碼」的操作策略，長期投資下來，除了穩定領取股利之外，還有機會賺到價差。

我認為，有錢人的財富公式＝本金＋複利＋時間＋熱情，巴菲特喜歡用「滾雪球」來比喻他的投資，一開始的小雪球就是你的本金，只要一直滾上新的雪花，雪球就會逐漸變大，這就是「複利」；小小的雪球不可能一夕之間變大，需要「時間」來慢慢成長；日復一日、年復一年的滾雪球，其實是很無聊的一件事，需要有很大的「熱情」。

成為有錢人的要訣就是這樣簡單，只要能夠長期堅持，每個人都可以成為有錢人。

$ 樂於分享 是富人的最大秘密

真正富有的人，都很樂於分享他們的知識與財富。2017 年 6 月，比爾．蓋茲捐出價值 46 億美元的微軟股票；2017 年 7 月，巴菲特宣布捐出價值 31.7 億美元的波克夏 B 股。古人說「捨得」，要先「捨」才會「得」，這些超級富豪都樂於捐錢，而且越捐越有錢，很值得學習。捐錢這件事我也算是經驗豐富，我目前採取「定期定額＋單筆加碼」的方式。

定期定額方面，我用信用卡每個月固定捐款給 7 家慈善機構，信用卡捐款很方便，時間到了就會自動扣款，再忙也不會忘記；另外，有時候在書報、網路、廣播上看見一些需要幫助的訊息，我會「單筆加碼」到郵局捐款，好處是機動。

我小時候，學校教導我們「為善不欲人知」，現在我的觀念慢慢改變了，想要用「拋磚引玉」來取代，《五線譜投資術》跟《看財報不抓狂：1 分鐘找出好股票》作者薛兆亨教授，是我很敬佩的一位前輩高人，經常看到他自掏腰包發獎學金，我在學校教書 20 多年，看過許多學生的家庭發生經濟困難，這些都只是十幾歲的孩子，最後統統靠我的提款卡解決問題，真的讓我體會到「有錢真好」的感覺。

薛教授現在每年捐款數十萬元，而且總共捐出約一部賓士車的金額了；我捐錢超過 30 年，目前每年捐款 200 萬元，有一次薛教授跟我開玩笑說，將來要捐一部法拉利跑車出去，輸人不輸陣，我決定跟教授看齊。

其實，就算我跟薛教授一人捐出一部法拉利的金額，我相信對於台灣社會還是杯水車薪，幫助不大，所以我打算在這裡敲鑼打鼓、拋磚引玉，如果整個台灣有 1,000 萬人在捐款幫助別人，台灣的未來一定會更好。

劉德華主演的電影《大隻佬》有一句台詞：「如是因，如是果，昨日的因結成今日的果，任何力量都改變不了。因此佛只重視一件事，就是你當下種的因。」不管是人生，還是股票投資，與其求神拜佛問明牌，還不如自己去種那個因，拿我的股票投資來說，就是努力開源（工作、寫書……），認真節流（不買奢侈品），持續買進資產（股票），並努力閱讀、學習投資理財的知識。

靠著一步一腳印，持續地幫自己種下未來財務自由的「因」，我相信樂活退休、海闊天空的「果」就一定會到來，任何力量都改變不了。

$ 買房、買車 不如用營建、汽車股賺錢

為什麼有錢人房子越買越多，卻越來越有錢，但是窮人買房子反而會越來越窮呢？這個要從房子占個人總資產的比例來談起。

假設一個有錢人擁有一間 5,000 萬元的房子，同時還有其他 2 億元的金融資產（股票、債券等），有錢人的總資產是 2.5 億元，房子只占了 20% 比例。再假設有一個窮人，他有一間 2,000 萬元的房子，可是扣除掉 500 萬元自有資金之外，他有 1,500 萬元房貸，往後的收入都要拿來繳房貸，因此他沒

有辦法累積其他金融資產，房子幾乎就是他的全部資產。

上述的窮人是用 500 萬元資金，加上 1,500 萬元貸款買進 2,000 萬元的房子，這個財務槓桿是 4 倍（2,000 萬 ÷500 萬），一旦房價下跌，槓桿會讓損失更加慘重，假設房價下跌 20%，2,000 萬元的房子剩下 1,600 萬元，跌掉了 400 萬元，以原始 500 萬元資金計算，損失幅度高達 80%。可是有錢人是靠自有資金買進房子，儘管房價下跌 20%，別忘了他還有 2 億元其他資產。

通常貧窮屋主的特徵是操作槓桿大（房貸多），所以暴露在很高的房價風險中，而且沒有其他金融資產，家庭財富幾乎和房屋淨值綁在一起，房價一旦暴跌，損失就極為慘重。2008 年美國次級房貸風暴中，這類使用高槓桿、高風險暴露，以及欠缺金融財富的弱勢屋主，紛紛遭逢破產的劫難，就算好不容易撐到景氣翻揚，金融資產（股票、債券等）止跌往上大漲時，因為身上的錢都拿去繳房貸了，這類屋主也撈不到一點好處。

我想要指出一個關鍵點：房子很貴，不是每個人都負擔得起，明明買不起卻硬要擁有，當然會讓人越來越窮。

窮人靠房貸買房（負債），繳交房貸利息給銀行（支出）；富人買進銀行的股票（資產），得到銀行發放的股利（收入）。窮人的支出變成了富人的收入，窮人的負債成為富人的資產，結果當然是「貧者越貧、富者越富」。

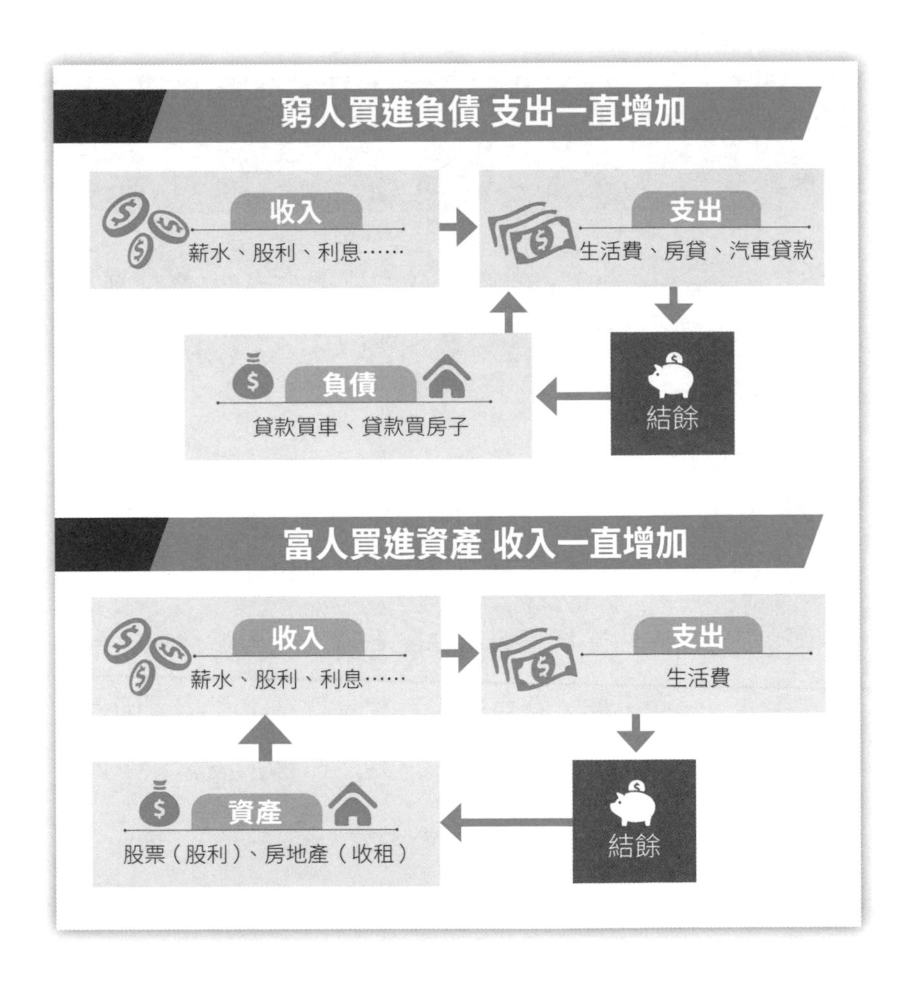

窮人想要翻轉未來，首先還是要停止買進負債，來看看汽車類股和泰車（2207）、裕日車（2227），以及營建類股華固（2548）、遠雄（5522）這4家公司的獲利（每股盈餘，EPS）與股利。

4檔汽車、營建類股獲利與股利 單位：元

盈餘年度	和泰車（2207）		裕日車（2227）		華固（2548）		遠雄（5522）	
	EPS	現金股利	EPS	現金股利	EPS	現金股利	EPS	現金股利
2017	18.52	12	22.14	21	7.87	5.2	2.4	2.5
2018	18.36	12	19.63	17.67	3.12	5	2.42	3
2019	21.55	14	24.27	21.27	11.35	7.5	3.89	3.61
2020	25.36	17	21.8	18.53	10.05	7	4.86	4.5
2021	29.68	20	10.09	9.06	10.56	7.5	7.78	5.5

讓我很驚訝的是，這2家汽車公司幾乎每年都可以賺到1～2個股本，為什麼這麼好賺呢？因為這些車商很聰明，除了賣車給你之外，也順便借錢給你（車貸），再順便把汽車保險賣給你，一魚三吃；買車的人其實是買進了負債，因為維修費、貸款、保險等費用，一直從你的口袋中溜走，跑到車商的口袋了，難怪車商可以賺這麼多錢，卻又死不降價。

同樣的道理，大家都知道建商很賺錢，但還是一直搶著買

房子，結果你的錢也就一直跑到建商跟銀行的口袋。

$ 錢越存越薄？別再怪罪央行總裁了！

要是不懂投資，可不可把錢放定存？我曾經在報紙看過一篇讀者投書，作者公開請求央行總裁放他們「一條生路」，作者詳述他一生認真工作、節省過日，努力累積存款為退休生活作準備。

他一生不偷不搶，也不炒作股票跟房地產，將所有辛苦賺來的錢都放在銀行定存，可是央行一直在降息，他的定存利息越來越少，退休生活也就越來越沒有保障，所以想要請求央行總裁高抬貴手，不要再降息了，放定存戶一條生路。

看完這篇投書之後，我久久不能忘懷，為何一個認真工作、節儉存錢的人，還要為退休生活擔憂呢？來說明一下，台灣近幾年處於低利環境的原因。

原因1 全球都在降息

現在是全球化的時代，如果國外降息，但是台灣反而升息，在利差吸引下，國外的熱錢會一直湧入台灣，導致台幣大幅升值，會重傷台灣一大堆的電子出口產業，除了公司獲利大幅降低外，更會影響到員工的薪水與福利。此外，金融壽險公司經常持有很多的外幣資產，2017 年第 1 季因為台幣強勢升值，國內前 12 大壽險公司的匯兌損失高達 623 億元，國泰、富邦、南山等大型壽險公司，都受傷慘重。

原因 2 避免熱錢湧入

在國際上，台灣只能算是一個小型的金融市場，一旦利息太高導致國際熱錢湧入，首當其衝的就是股市。儘管熱錢湧入之際會造成股市大漲，股民歡欣鼓舞，但是熱錢一旦獲利了結，龐大的賣壓也會造成股市暴跌，多少人會因而破產呢？況且熱錢匯出時又會造成台幣急貶，進口的貨物例如奶粉、黃豆、石油、小麥、黃金……只能漲價因應，民生消費會受到重大影響。

原因 3 降息有利經濟發展

如果銀行的利息很高，會引導資金湧入銀行放定存，間接造成消費減少，此外，很多中小企業是靠銀行融資來經營，利息上揚會影響企業的獲利與投資意願，一旦消費與投資活動下降，對經濟發展就會產生不良的影響。相反地，如果銀行利息很低，大家會認為「把錢放銀行也只有一點點利息，越存只會越薄」，還不如拿來消費，或是拿來投資，自然就有利於經濟的成長了。

原因4 量化寬鬆的影響

從 2008 年金融海嘯開始，美國、歐洲、日本等相繼採取量化寬鬆來挽救經濟，量化寬鬆簡稱 QE，就是央行持續挹注資金到銀行體系，在錢滿為患的情況下，利率當然會維持在極低的水準。

所以，台灣要不要升息不是中央銀行說了算，只能隨著國際金融政策調整，請定存族們不要再怪罪央行總裁了，低利率已經是全世界共同的趨勢，歐洲跟日本甚至出現了「負利率」，因為把錢存在銀行還要付銀行管理費。

低利率或許對經濟發展有幫助，但是對於定存族的殺傷力可不小。

傷害1 錢越存越薄

低利率其實是「錢滿為患」的結果，供給過剩會讓錢貶值，「物價越來越貴」這個不是新聞了吧？大家都不存錢、把錢拿去消費，難怪士林夜市的雞排可以從 30 元漲到 80 元，排隊的人龍還是一長條。只要一直維持低利率，聰明的有錢人會把「一直貶值」的貨幣，買進土地、房屋等稀有且供給少的資產，所以台北市的房價可以從一坪30萬元漲到70萬元，就是錢滿為患、貨幣貶值的下場。

如果只靠定存來理財，錢只會越存越薄，但是物價、房價卻越來越貴，生活當然是越來越艱難！

傷害2 要準備更多本金

當銀行利率是3.6%時，1,000萬元本金可以產生36萬元利息收入，平均下來每個月有3萬元的生活費；可是當利率只剩下1.2%時，要將本金增加3倍到3,000萬元，才可以維持每個月3萬元的生活水平，只要利率一直往下，定存族存在銀行的本金也要越存越多。

傷害3 幫富人賺錢

低利率的另一面，就是「借錢成本」比較低，有能力的人會善用優勢來累積自己的資產。

時間回到金融海嘯期間，全世界央行拼命降息救經濟，我看機不可失，跟母親大人商量後，借了500萬元房貸投入股市，大買便宜的好股票，等到金融海嘯平息，當初500萬元的股票已經增值成為 1,000 萬元，且每年至少可以領取 50 萬元股利，此後我就拿股利來還房貸，等到清償完畢之後，我就擁有這筆 1,000 萬元資產，而且每年會繼續產生 50 萬元股利現金流。

從上面的說明不難看出，低利率其實是有好有壞的雙面刃，對於定存族來說，利息越來越少、本金要越放越多，但是購買力卻是越來越低；不過對於投資人來說，反而可以利用定存族所提供的「低成本資金」，只要付出一點點利息，就可以拿來賺取龐大的報酬。定存族承擔了低利率的壞處，投資族卻享受到低利率的好處，富人靠著低利率，拼命占窮人的便宜，這是不公不義嗎？

請記住，沒有人逼你把錢放在銀行定存，每個人都可以善用低利資金來創造自己的財富，抱怨利率低其實於事無補，還不如勇敢跟定存說 No，然後積極學習投資理財的知識。

$ 提早買進資產 延緩買進負債

要買屋還是租屋？相信這是許多上班族心中最大的疑問。

究竟要如何評估呢？如果花 20 年的租金就可以買房，那麼用買的是不是比較划算？相反的，如果要準備 40 年的租金才可以買房，用租的會不會比較划算呢？

每坪房價與每坪租金之間的比值，簡稱為租售比，可以用來做為買屋或是租屋的參考。

租售比＝每坪房價 ÷ 每坪每月租金

假設某區域的房子每坪售價是 30 萬元，每坪每個月的租金是 1,000 元，此時該區域的租售比為 300 倍（30 萬 ÷1,000 元），也就是要花 300 個月（25 年）的租金，才可以將房子買下來，也就是說，如果租售比越高，表示房價越貴，買不如租。

台灣目前的租售比是多少呢？根據《591 房屋交易網》統計，2017 年第 1 季台北市的租售比高達 511.2 倍，也就是同樣面積的房子，台北市民平均要準備 511.2 個月（42.6 年）的租金才買得起，對於大多數薪水族來說，買房負擔十分沉重，此時「租比買划算」；而且就房東而言，每年房租報酬率也只有 2.3%，買房當房東並不划算。

國際間一般認為租售比在 300 倍以下尚算合理，此時只要準備少於 25 年的租金就可以買房，因此「買比租划算」，台中和台南就是如此，與其每個月花租金來幫房東繳房貸，還不如提早做好規畫，一圓成家夢。

2017年第1季6都租售比

都市	租售比	房租購屋年數	租金報酬率
台北市	511.2	42.6	2.3%
新北市	404	33.7	3.0%
桃園市	374	31.2	3.2%
高雄市	328	27.3	3.7%
台中市	285.2	23.8	4.2%
台南市	250.6	20.9	4.8%

資料來源：591房屋交易網

前面討論的六都租售比，只是一個平均值的概念，如果運氣好，說不定也可以在雙北市找到租售比小於 300 倍的房子，這時候當然是租不如買，但是錢要從哪裡來呢？

假設小明打算在 30 歲時跟女友共組家庭，看上了一間房子，但是自有的資金不足，需要跟銀行貸款 1,000 萬元，依照目前貸款利率，貸款 1,000 萬元買房子，20 年總繳金額約

1,200 萬元，平均每年攤還的本利為 60 萬元，可是一旦簽了房貸合約，未來 20 年只能認真幫銀行的股東工作，賺的錢都要拿去付房貸，沒有餘錢可以做投資，累積自己的資產。

等到 20 年後繳清房貸再來投資，年紀也已經大了，還有多少時間來發揮複利的效果呢？人的一生大概要工作 40 年，期間會有很多收入，也會有很多支出，想做好一生的理財規畫，一定要把握「重要的事情優先做」這個大原則，也就是「提早買進資產，延緩買進負債」。

$ 投資不可能快速致富 堅持到底最重要

房貸利息會一直掏空你的口袋，當然算是負債，如果小明延緩 5 年，等到 35 歲再來買進房子這個負債，在 30 ～ 34 歲這 5 年間，把每年預計繳交的 60 萬元房貸拿來買股票、債券、基金等資產，結果又會如何呢？

假設小明找到平均年報酬率 10% 的投資商品，30 歲時投入 60 萬元，31 歲繼續投入 60 萬元，到 31 歲那年時資產會變成 126 萬元（60 萬 ×1.1，再加 60 萬），如下頁表格所示。

每年投入60萬元 不同報酬率試算 單位：萬元			
年齡	報酬率		
	8%	10%	20%
30	60	60	60
31	124.8	126	132
32	194.8	198.6	218.4
33	270.4	278.5	322.1
34	352	366.3	446.5

上表列舉了 8%、10%、20% 這 3 種報酬率，為何是這 3 種？台灣 50（0050）這支 ETF 從 2003 年成立至今，平均每年報酬率約 8%；在過去 52 年期間，美國標普 500 指數（美股代號 SPY）平均報酬約 9.7%；而股神巴菲特的波克夏公司（美股代號 BRK.A、BRK.B），平均年報酬率則是 20.8%。

0050 跟 SPY 屬於指數型 ETF，投資人無需研究個股，波克夏則有股神巴菲特在幫你操盤，也就是說，只要買進上述這 3 支股票，你不用看財報、也不用做任何研究，長期平均下來就可以得到 8%、10%、20% 的年平均報酬率。

以 10% 的報酬率來看，持續投資 5 年之後，小明在 34 歲時會累積到 366.3 萬元資產，然後依照原先計畫，從 35 歲開始貸款 1,000 萬元買房，並且不再投入新的資金買股票，但是他已經有了一個 366.3 萬元資產，等於小明幫自己創造了一個「財富分身」，而且這個分身平均每年都會產生 36.63 萬元（366.3 萬 ×10%）來幫他繳房貸，請問小明的房貸壓力是不是大幅減輕了呢？

小明不是不買房子，而是他先利用 5 年時間，幫自己創造一個分身來幫忙繳房貸，不過說實話，這個分身的獲利狀況不會一直維持穩定，會隨著國際金融市場的情況而改變，一旦碰上股災，這個分身也可能不賺錢，因此，投資股票一定要了解「長期平均」的觀念，尤其是投資 ETF 這類指數型基金的投資人。

觀念1 至少撐過一個景氣循環

投資股票大家都聽過「長期投資」這 4 個字，究竟要多少年才稱得上是「長期」呢？我個人認為至少要撐過一個景氣循環，以 0050 為例，在 2003 年 SARS、2008 年金融海嘯、2012 年歐債危機時，投資人甚至會賠錢，但是當景氣從谷底翻揚之後，也會有不錯的獲利，因此台灣 50 從 2003 年成立至 2021 年，長期平均下來每年還是約有 8% 的正報酬。

觀念2 平均投資分散風險

除了景氣低迷時會賠錢、景氣翻揚時會賺錢，「平均」起來就會獲利之外，持股的分散也是一個重點，比如說持有的A股票賠了10%，但是B股票賺了20%，平均下來的報酬率就是5%（−10%＋20%，再除以2）。如果是買進0050、0056等ETF，成分股已經分散到數十家公司，也可以算是一種平均的投資方法。

因此，投資股票除了不要單獨重押一兩支股票之外，更不要期望在1、2年內馬上賺大錢，也不要因短期間內的不如意而放棄投資。投資股票，最重要的還是「堅持」這兩個字，只要是正確的投資，長期平均下來一定會賺錢。

$ 不要傻傻地勤勞 要聰明地懶惰

我相信很多讀者都看過《火影忍者》這部卡通，男主角漩渦鳴人最擅長的忍術就是「多重影分身之術」，不管敵人再怎樣強悍，只要他變出成千上百個分身，用淹的也可以把敵人淹死。可惜現實生活沒有多重影分身術這個絕招，那麼在碰到困難時，就只能夠靠自己一個人來勇敢面對嗎？

20 多年前的我還只是一個流浪教師，靠著微薄的薪水來撫養 3 個小孩，只能逼自己當一個不敗（Buy）教主，我曾經白天在公司上班、晚上到學校兼課，星期六、日還要到淡江大學進修，蠟燭三頭燒。當時我總是幻想有一天能拿到 200 萬元年薪，解決所有的財務困難，讓我買車、買房、養小孩。

但是我心裡很清楚，以我高職教師的工作，一輩子也賺不到 200 萬元年薪，於是我擬定了「認真工作＋積極投資」的戰略方針，除了每天努力上班外，更積極買進台積電、鴻海、聯詠、中信金、第一金……等公司的股票，現在這些股票都成為我的「財富分身」，都很努力地幫我賺錢。

最近幾年在申報所得稅時，突然發現我每年的股利收入已經超過了 500 萬元，原來我的財富分身比我還會賺錢。財富分身不但會幫我賺錢，就算哪一天我投胎去了，一樣會持續幫我的子孫工作賺錢。趁年輕時，盡快創造自己的財富分身，才是上班族脫貧的最佳捷徑。

我們常常說要讓金錢為我們工作，但是錢要怎樣工作呢？金錢有一個「時間效益」的現象，把錢放在適當的地方，放的時間越久，金錢的價值也會越來越大，舉個例子來說，如果可以找到年報酬率 10% 的商品，投入 100 萬元的話，隔年就會變成 110 萬元，再過一年又會變成 121 萬元；放越久，當初 100 萬元的時間效益也就越大，也就是越早投入的錢，將來會越值錢。

假設小陳跟小吳是大學同學，在 22 歲時一起從大學畢業，也進入同一家公司上班，然後兩個人的薪水都一樣，每年也都可以存下 10 萬元，但是因為 2 個人的金錢觀不一樣，使用這 10 萬元的方式也不同。

小陳勤讀理財書，深深覺得要趁早投資，所以從 22 ～ 29 歲間，把每年存下的 10 萬元拿來做投資，8 年總共投入 80 萬元，而且他也找到年報酬率 10% 的商品。但是從 30 歲開始，小陳想要結婚成家了，需要買車跟買房子，就不再拿新的錢來投資，也就是他總共只有投入 80 萬元。

小吳 22 ～ 29 歲期間，有錢就花、享受小確幸，但是看著小陳積極投資，在 30 歲那一年洗心革面、發憤圖強，每年投入 10 萬元做投資；此外，他深知自己輸在起跑點上面，因此下定決心努力追趕，從他 30 ～ 64 歲期間認真的投資了 35

年，總共投入 350 萬元資金，大大超越小陳的 80 萬元。

當小陳跟小吳在 65 歲一同退休之後，哪一個會比較有錢？再次提醒你一下，小陳只有投入 8 年共 80 萬元，但是小吳投入了 35 年共 350 萬元，我想，大家都覺得小吳會贏，因為他堅持投資了 35 年，而且投入的資金是小陳的 4 倍多，如果還輸給小陳，真是沒天理！什麼是天理呢？答案很簡單，就是早起的鳥兒有蟲吃。

小陳提早投資了 8 年，時間跟複利站在他這一邊，來看看下面的試算表。

每年投入10萬元 年報酬10%累積資產 單位：萬元

年齡	報酬率10%								累計
	第1年	第2年	第3年	第4年	第5年	第6年	第7年	第8年	
22	10								10
23	11	10							21
24	12.1	11	10						33.1
25	13.3	12.1	11	10					46.4
26	14.6	13.3	12.1	11	10				61.1
27	16.1	14.6	13.3	12.1	11	10			77.2
28	17.7	16.1	14.6	13.3	12.1	11	10		94.9
29	19.5	17.7	16.1	14.6	13.3	12.1	11	10	114.4

小陳在 29 歲那一年已經累積到 114.4 萬元了，在 30 歲那一年就算不再投入 10 萬元，但是只靠 10% 報酬率的孳息每年就有 11.44 萬元收入，請記住這個數字。小吳從 30 歲開始每年投入 10 萬元，但是小陳光靠孳息投入就有 11.44 萬元，請問誰投入得比較多呢？當然是小陳！持續 35 年的馬拉松投資之後，小陳只會越贏越多。

小陳只是「提早投資 8 年」，8 年後幫自己創造出一筆 114.4 萬元的「財富分身」，然後靠著財富分身去投資，不用再花自己半毛錢，就輕鬆贏過小吳辛苦投入 35 年的資金，這就是「財富分身」的威力了，你是要傻傻地勤勞？還是聰明地懶惰呢？

我再來補上最後一刀好了，持續投資到 65 歲之後，小陳總共會累積到 3,535 萬元，但是小吳只有 2,991 萬元，相差了 544 萬元。小陳只是提早 8 年做投資，而且第 9 年開始就不再放錢進去，光是靠著「財富分身」的幫忙，最後完勝每年投入資金的小吳。

從上面的例子不難看出，同樣是 10% 的年報酬率，提早幾年投資，可以賺得更多，而且可以更懶、投入更少的錢，這個就是時間效益的奧妙之處。

儘管結果很殘忍，但這就是真理，請記住「越早投資的錢越值錢」，如果你只會一直勤勞，就沒有時間享受人生，不過連續投資 35 年的小吳也無須太難過，因為只有投入 350 萬元資金，最後累積到了 2,991 萬元，每年光是 10% 的報酬就有 299 萬元，還是可以樂活退休、享受人生了！

所以，如果你的起步比別人晚，只要堅持下去，一定會有回報，但是如果比別人晚上幾年，就必須投入更多的資金與時間，才能得到相同的結果。如果小吳想要存到小陳 3,535 萬元的退休金，那麼每年必須投入 12 萬元，這就是比較晚投資所需要付出的代價。

提早投資、聰明的投資，這才是真理。

創富筆記 有錢人創造自己的人生

被譽為「經營之神」的王永慶，以及「現代成吉思汗」的郭台銘，都是從無到有創建了自己的企業帝國。我小時候閱讀王永慶的故事，他是「叫太陽起床的人」，郭台銘則是每天工作16個小時……有錢人是靠著自己的雙手，一步一步地創造自己想要的人生。

至於窮人呢？則是希望「美好的人生發生在我身上」，在台北士林夜市有一家生意很好的彩券行，每次要開大獎前總是擠滿了人龍，每個人都期望「財富」會降臨在他們身上。

如果樂透彩這麼容易中獎的話，就不會經常連續槓龜好幾期了，根據數學的計算，樂透彩頭獎中獎的機率是「接近零，但不等於零」。「不等於零」表示一定會有人中獎，「接近零」則是「中獎的人一定不是你」。

有錢人信奉「Yes, I can！」，總是相信能夠造就自己的成功；窮人只想到「No, I can't！」，結果就是造成自己的平庸。我們要主動積極地正向思考，才能夠擁有往上的動力，而不是被動地等待美好人生降臨，這一天永遠也不會到來！

成為斜槓一族
豐富自我人生

第2章

成為斜槓一族 豐富自我人生

「斜槓青年」是最近頗為火紅的一個名詞，《紐約時報》的專欄作家描述了一個現象，在紐約很多人都不只擁有一種職業，因此用「斜槓」（Slash，符號 ／）來區分自己的不同身分，漸漸地就被稱為「斜槓青年」。

以我自己為例：教師／作家／財經部落客不敗教主／演說家／游泳選手，從上面就可以看出退休前我的職業既是教師，也是教科書跟財經書的作家，經營了一個財經部落格跟粉絲團，還到處去演講推廣投資理財的相關知識，年輕時曾經是游泳選手，到現在仍然熱愛著水上活動。

$ 因為與眾不同 展現獨特的自我

每個人的專長和興趣都是多元的，我們的人生擁有無限的可能，從小在學校，老師不都是這樣說的嗎？還記得小學時寫的作文「我的志願」嗎？多麼天馬行空，但是我們不害怕被同學嘲笑！因為年少的我們，認為人生是一塊空白的畫布，可以盡情地塗上自己喜歡的色彩。懵懵懂懂的我們，覺得人生是彩色的。

長大後呢？希望鬧鐘永遠不會響，可以一直賴床；有誰是每天一大早，就滿心歡喜、迫不及待想要上班呢？剛踏入職場的我，認為人生是黑白的，覺得公司就是一座大監獄，只想著安分守己地混完 25 年後退休；但是就算刑滿出獄了，我的人生也過去一大半。

從小，學校跟父母就一直叮嚀我們要認真讀書、考上好學校，畢業以後進入好公司，認真工作，退休後如果沒病沒痛，就好好玩個幾年然後等投胎。這樣的人生，除了柴米油鹽醬醋茶、除了車貸、房貸、小孩的學費之外，還剩下什麼呢？小時候老師一直告訴我們，每個人都是獨特且與眾不同的，可是有誰真的把自己的潛能完全發揮出來，有多少人能夠擁有自己嚮往的人生呢？

大概有9成的人，一輩子默默無聞、平平凡凡，在工作與家庭的壓力下，孤獨地走完一生。對很多人來說，人生只是活著，而夢想永遠只是夢想。問題的癥結在於大家的「從眾」心態，我們害怕與眾不同，我們跟著大家一起拼升學，一起考進大公司，結果就是親手埋葬了自己的獨特性。

斜槓青年的概念，不是要靠著多重職業來增加收入，而是要藉由多重的體驗來豐富人生。如果我只會老老實實地教書，會跟9成的教師一樣過完一生。但是我利用休假時間寫書，推廣投資理財，藉由部落格和粉絲團的傳播，我的文章可以影響數十萬人。

我也不再用「匿名」這兩個字捐款，透過網路平台拋磚引玉，我可以到處傳達「為善最樂」的理念。因為成為斜槓族：教師／作家／財經部落客不敗教主／演說家／游泳選手，我的人生不再是單一而無趣，我充滿了無限可能。

$ 練就財務自由的絕學 吸收他人功力

有夢最美，但是逐夢必先「踏實」。根據年輕時上班的「坐牢」經驗，我覺得人生辛苦努力的目標就是「自由」，但是社會現實告訴我們，想自由要先達到「財務自由」。九成的人因為無法達到財務自由，所以覺得人生是在受苦，活不起、住不起、生不起、養不起……等到受完了苦難，生命也到了盡頭！

「財務自由」雖然只是簡簡單單的 4 個字，可是每個人的能力和時間都有限，如何能夠盡早累積財富呢？

金庸小說《天龍八部》的男主角段譽，原是一個手無縛雞之力的貴公子，無意間學會了「北冥神功」之後，不斷吸取別人的功力為己用，憑藉著雄厚的內力推動六脈神劍，連練就降龍十八掌絕學的喬峰都自嘆不如。人生在世短短數十年，喬峰能夠練上多少年的內力？段譽卻靠著北冥神功，為自己累積數百年的內功，難怪喬峰也要甘拜下風。

北冥神功只是小說，但在現實生活中卻真的有一套絕學，可以不斷吸取別人的時間與精力，它就叫做「投資」。只要我買進一張統一超（2912）的股票，就有許許多多的店長、工讀生為我打工，我不需要學習如何經營超商，也不用去當店員、輪值大夜班，就可以安穩地領取股利報酬，這些都是公司的經理、店長、工讀生……付出勞力跟時間之後所獲得的成果。而我只要買進一張股票就可以坐享其成，原來世界上真的有北冥神功。

$ 運用被動收入 讓工作與夢想同步

無常才是常，未來的世界只會不斷地變化。在人工智慧、機器人跟 5G 持續進步下，許多的勞工會逐漸被智慧型機器人所取代；除了盡早學習這些知識跟技能之外，也可以靠著投資相關產業，把自己從「勞工」的身分升級成為「股東」，就不怕被裁員。別忘了，投資的精髓就是要善用別人的智慧跟時間。每個人的精力都有限，如果只是一直努力學習工作的技能，如何有時間發展興趣，活出自己的人生呢？

斜槓青年指的就是擁有多重職業、多重收入與多元人生。如果可以斜槓，人生不再是起床、上班、下班、回家、起床、再上班……的單調循環。但是多重職業、多重收入不是每個人都可以辦得到，利用下班去兼差或是創業，也要付出相當的勞力，更要面對無數的挑戰與風險。其實夢想與工作可以並肩而行，愛做的事與賺錢並不衝突，要訣就在於「被動收入」，什麼是被動收入呢？

從前有一座山，山上有兩座廟，分別住著「一休」跟「二休」兩個和尚，兩人每天都要下山到溪邊提水，邊提邊聊就成了好朋友。不知不覺中好幾年過去了，後來一休都沒到溪邊提水，二休擔心一休生病了就專程去看他。

當他到了一休的廟宇，發現一休正在悠閒地玩盆栽，他很吃驚地問：「你這麼久沒有下山挑水，還有水喝嗎？」一休笑著帶他到後院，指著一口井說：「這些年來我挑完水之後，就會花一點時間挖井，如今挖好了，井水源源不絕地流出，我就不用再去挑水。」從此一休和尚再也不必去挑水，但是二休和尚還是不得休息，這就是「一不做二不休」的由來了，當然這是開玩笑的。

要做挑水人還是挖井人，其實全由自己去決定，挑水人注定要一輩子辛勤工作，不付出勞力就沒有水喝。挖井人一開始的時候，要一邊挑水一邊挖井，當然是比較辛苦，但是有了源源不絕的井水之後，他就可以把時間拿來打太極拳和「拈花惹草」。

每個人都可以做好投資，也就是幫自己挖好一口井，源源不絕的井水就是「被動收入」，可以把我們從繁忙的工作中解放出來，這樣我們才有資格選擇、創造不一樣的人生。「投資人」是大家最容易達成的斜槓角色，每個人都可以是：上班族／投資人。

$ 成為斜槓一族 必須面對的牽絆與掙扎

看到了這裡，是不是對斜槓青年的角色開始感到興趣，希望自己也可以成為斜槓一族呢？擁有多重職業、多重收入與多元人生，確實很吸引人，但是也存在著個人能力、工作取捨與家人牽絆等難題，讓我來逐一回答吧。

問題❶ 為什麼要斜槓？多重職業很累人，只要生活安逸，維持現狀不好嗎？

我常跟學生說，人生沒有「後悔藥」，人生就像是單行道，永遠只能往前，而且無法回頭。老天爺的用意應該是要世人把握現在，放眼未來。投資股票亦然，我們不要只買過去和現在表現很好的股票，而是要買進「未來」表現亮眼的股票。這世界不會永恆不變，現在很好，不表示未來不會變差。

年輕時，我媽媽一直要我考進師範大學，因為教師的待遇好、福利佳，退休金也非常迷人。我剛到公立學校服務時，看見一些資深老師在 50 歲出頭便辦理退休，不僅月領 7 萬多元的退休金，而且還有年終獎金可以拿；我當時在日夜間部同時兼課，也領不到這麼多，真的是羨慕死我了。認真工作 20 幾年，我繳稅讓這些退休老師領 18%，等到我可以辦理退休時，卻已經沒有 18% 可以領了！

一般人從年輕工作到退休，時間長達 30、40 年，怎麼可能沒有變化呢？就算是現在的待遇、福利都不錯，日子也過得很安逸，但是以後呢？一旦大環境改變了，年紀變大了，不僅沒有精力重新學習，更沒有多少時間可以重新開始，難道就只能認命嗎？我相信大家都聽過《伊索寓言》螞蟻和蟋蟀的故事吧！一直為冬天準備的螞蟻，才可以度過寒冬的考驗。

教師職業非常穩定，相信可以安穩過一輩子，這算是公務員的優點；但缺點是調薪非常緩慢，就算我每天自願輔導學生到晚上 9 點，政府也不大可能幫我加薪。我在 35 歲進入公立學校教書之後，就發現穩定的工作雖然迷人，但是付出的代價就是薪水很「穩定」，我可以馬上算出我 10 年後的薪水是多少，完全沒有驚喜和意外。

我有些同學，儘管是在不穩定的私人企業上班，但是年薪卻是我的好幾倍，還可以全世界開會「趴趴走」。讓我不禁開始思考，難道穩定的代價就是平平凡凡過一生嗎？我當時的年紀已經不小，轉換工作也不容易，我又放不下「誤人子弟」的樂趣。

幸好我在股票投資這個領域，找到了另一個可以遨翔的空間，儘管我必須付出更多時間來研究股票，假日還要寫書；但我因此多了股利、版稅等收入，成立了粉絲團之後，也認識了許多媒體朋友和同好，讓我可以向許多高手請益。我突然發現，頭頂上的天空不斷地往上延伸。

斜槓青年的內在含意，並不是多重職業和多重收入這麼簡單，而是要我們藉由多重身分來體驗這個多元世界，將本身的潛力與獨特都發揮出來。畢竟我們只可以活一次，誰願意平平凡凡呢？

問題❷ 待在大公司吃大鍋飯，安穩等退休比較有保障，何必浪費精神來斜槓呢？

前面已經說過，穩定也要付出代價，再舉我個人的經歷來說明。我在當了 5 年的流浪教師之後，轉換跑道到台北捷運公司任職工程員。新人訓練時，我知道了公司的薪資結構，副總等級約 9 萬多元，我當時月薪差不多是 4.7 萬元，就算努力打拼 20 年，都不一定能當上副總，在不求有功、但求無過的情況下，我退休前應該可以月領 7 萬多元，我心想，那麼認真打拼要做什麼？於是我決定離職，沒想到有些同事很開心。

原來這些大公司的職位，都是一個蘿蔔一個坑，我離職釋出一個工程員的職位，下面的助理工程員才有機會升遷；如果上面沒有空缺，底下的人再努力也上不去，這就是大公司的缺點。

當時我已經 34 歲，不想再窩在安穩的工作上浪費青春，於是決定離職到私人企業撰寫高職教科書，薪水比捷運公司來得少。

但是我一邊寫書一邊準備教師甄試，半年後考上了公立學校，又擔任投資理財社的指導老師，利用課餘時間積極研究股票、編寫教材、經營部落格做線上教學，終於走出了自己的一片天。

如果我還待在捷運公司，現在大概也只是小股長而已，再上去的職位不一定有缺，有缺也不一定輪得到我。因為大公司、穩定的公司，很多的資深同仁都是待到退休，在下面的就只能耐心排隊等待。我放棄了安穩的工作，選擇到私人企業打拼，從此改寫了人生劇本，我很慶幸當初做了這個決定。

問題❸ 如果另一半或家人反對怎麼辦？

想要斜槓來體驗多重的職業與人生，也要承受不少壓力。當初我選擇離開捷運公司，除了自己內心的煎熬（年紀大了、轉職不易、小孩還小、放棄鐵飯碗……），還要承受家人「關愛的眼神」，壓力之大可想而知。但是我還是決定「擇善固執」，因為我知道自己要幹什麼！

記得剛結婚時，當了一輩子公務員的岳父母，極力反對我投資股票，他們認為那是在賭博。可是我還是選擇「擇善固執」，如今 20 幾年過去了，現在的我已經證明當初的決定是正確的。如果年輕時跟岳父母一樣，認真工作然後貸款買房，就算繳清房貸，但是我搞不好不懂股票，沒有存到這麼多的股票，也就沒有每年 500 萬元的股利。

$ 人生無法重來 把握現在開始投資

家人的關心往往是最要命的，因為親情很難割捨，可是這個時候還是要冷靜地、理智地思考，不要被情感所干擾。當時我覺得岳父母最了解的只是公務員系統，對於股票投資他們是一張白紙，跟我比起來只能夠算是幼幼班，所以他們的勸誡，我自然是「左耳進、右耳出」。

老人家是基於「過去」的經驗，認定股票投資就是賭博；可是我是放眼「未來」，把股票當成會生財的「資產」。我常常說「人要看未來」，為什麼呢？因為時間是無法重來的。如果 20 年前我沒有投資股票，然後現在後悔了，我要去哪裡找回這失落的 20 年光陰呢？時間是最寶貴的資產。

舉例來說明一下，假設小陳在 30 歲時投資了 100 萬元，以平均每年 10% 的報酬率來計算，20 年後（50 歲時）會累積到 612 萬元；如果 30 歲時沒有投資，從 50 歲時投資到 70 歲才能累積到 612 萬元。但是如果小陳是從 30 歲一直投資到 70 歲呢？最後會累積到 4,114 萬元，時間真的是投資的最大幫手。

為什麼斜槓青年這個名詞會受到重視呢？就是因為有越來越多的人，不甘心被單一的職業和收入所束縛，不願意只有單一且枯燥的人生。當然，想要有多元的職業、興趣、收入……就需要付出比別人更多的努力，但是一旦斜槓成功，收穫就是擁有更多元且豐富的人生。

人生是一條單行道，我們無法回到過去，但是卻可以把握現在、規劃未來。現在的我必須幫未來的我做決定，人一定要持續往前看。我覺得，每個人至少都應該斜槓到投資的領域，善用別人的專業與時間幫自己賺錢。只要買進台積電（2330）的股票，我們不需要懂晶圓製造的專業知識，也不需要到台積電上班，台積電的員工就會努力、認真地幫忙賺錢，這就是被動收入。

藉由被動收入達到財務自由後，就可以把時間拿來做自己想做的事，大家想像一下，你的下一張名片會有哪些頭銜：投資人／旅行家／影評／美食家／……我會想要再加上業餘天文家／郵輪達人，大家想要加上什麼呢？

存到自己的300張股票

第3章

存到自己的300張股票

我在2015年4月出版《6年存到300張股票》一書，2016年7月又出版《每年多存300張股票》，描述我個人存300張股票的歷程，以及對於投資股票的一些看法，首先要在這邊感謝讀者的支持，不過這本新書的主角不再是我的300張股票，而是如何幫讀者存到自己的300張股票。

我的投資方法就是「存股票領股利，持續買進好股票」，簡單來說，投資重點在於「張數」，張數越多，領到的股利就越多。2015年，我將股利、薪水、信貸、版稅等收入集合起來，總共用大約 300 萬元，買進 66.89 張第一金（2892）、90 張元大金（2885）、100 張台新金（2887），然後靠著中信金的配股配息，也增加了 42.51 張中信金（零成本），詳細過程請參考《每年多存 300 張股票》一書。

2016年300張股票的股利 單位：元

股票	中信金（2891）		第一金（2892）		台新金（2887）		元大金（2885）	
買進張數	42.51		66.89		100		90	
股利	現金	股票	現金	股票	現金	股票	現金	股票
	0.81	0.8	0.95	0.45	0.48	0.72	0.36	0
	配發現金（萬）	配股張數	配發現金（萬）	配股張數	配發現金（萬）	配股張數	配發現金（萬）	配股張數
	3.44	3.4	6.35	3.0	4.8	7.2	3.24	0
股利總值	**9.56萬**		**11.62萬**		**13.44萬**		**3.24萬**	

註：股價採用2016年底中信金18元、第一金17.5元、台新金12元計算。

2017年300張股票的股利 單位：元

股票	中信金（2891）		第一金（2892）		台新金（2887）		元大金（2885）	
持有張數	42.51		66.89		100		90	
股利	現金	股票	現金	股票	現金	股票	現金	股票
	1	0	1.2	0.2	0.53	0.43	0.45	0
股利總值	**4.25萬**		**10.54萬**		**10.80萬**		**4.05萬**	

註：股價採用第一金18.8元、台新金12.79元計算。

上面這 4 檔股票，在 2016 ～ 2017 年又貢獻給我數十萬元股利，也順便賺到了一些價差，為什麼存股可以養大資產？主要有以下 3 大好處。

存股好處1 年年幫自己加薪

2016 年總共領到 9.56 ＋ 11.62 ＋ 13.44 ＋ 3.24 ＝ 37.86 萬元股利，平均 1 個月幫自己加薪 3.16 萬元；可是金融股為了控制股本膨脹，有減少股票股利並增加現金股利的趨勢，因此 2017 年的股利比 2016 年少，但還是可以領到 29.64 萬元，平均 1 個月幫自己加薪 2.5 萬元。減少股票股利，我認為是未來的趨勢，只要持續用股利買回股票，增加手上的張數，還是可以領到不錯的現金股利。

此外，不發放股票股利可以提升 EPS（每股盈餘）並拉升股價，賺到的價差並不輸給股票股利。

存股好處2 用現金流打造退休金

我在 2015 年耗資約 300 萬元，幫自己增加了上述 300 張股票，連續 2 年為自己創造了每年約 30 萬元的股利現金流，在公教退休年金大幅縮水的情況下，我靠著「每年多存 300 張股票」，持續幫自己打造退休金。

存股好處3 可以賺價差

這 300 張股票，如果以 2017 年 7 月的股價估算，總價值約 465 萬元，扣除成本 300 萬元，賺到的價差為 165 萬元，總計 2 年下來，價差跟股利的獲利為 232.51 萬元（37.86 ＋ 29.65 ＋ 165），報酬率為 77.5%（232.51 萬 ÷300 萬）。

如果你也想打造 300 張股票的聚寶盆，該怎麼做？還沒有開始投資的人，可以從以下的基本觀念學起，已經在存股路上的朋友，也可以來複習一下，有時候投資操作的成敗，就在於是否熟練這些基本功。

$ 注意6重點 做好存股準備

股票是一種有價證券，投資人買進股票就代表擁有公司的部分所有權，成為該公司股東，可以分享公司的利潤、領到配發的股利，長期持有具成長性公司的股票，可以同時賺到下列 2 種利潤，以下拿我個人持有超過 20 年的台積電（2330）來做說明。

存股利潤1 股利

如下表所示，2015～2021年台積電的配息穩定且逐年上升，7年下來累積領取59.5元股利，然而隨著台積電股價高漲，殖利率也開始變得不迷人。由於台積電的獲利持續成長，投資人應以賺取資本利得（價差）為主。

2015～2021年台積電（2330）股利及獲利 單位：元

獲利年度	2015	2016	2017	2018	2019	2020	2021
EPS	11.82	12.89	13.23	13.54	13.32	19.97	23.01
股利	6	7	8	8	9.5	10	11
年均股價	140	166	210	237	262	379	598

資料日期：2022/05/13

存股利潤2 價差

2015年台積電年均股價為140元，2021年已經成長到598元，價差為458元。台積電是「存股」的最佳代表，特點就是獲利「穩定且成長」，可以同時賺進股利跟價差，從2015年持有至2021年，每股可賺進59.5元的現金股利及458元價差，總獲利為517.5元。

以2015年140元的股價計算，總報酬率為369.6%（517.5元÷140元），平均年報酬率約為30%。

想要買進股票，首先要找一家合適的券商開戶，例如我是在元大證券開戶，開戶時需要攜帶的證件及注意事項，請直接去電查詢，至於其他重要事項，我說明如下。

注意事項1 券商據點要方便

券商的服務據點眾多，為了將來補登存摺方便，我個人建議挑選離家或離公司近的營業據點。

注意事項2 股利只發放到一個帳戶

完成開戶之後，投資人可以拿到「證券集保」及「銀行交割」2 本存摺，證券集保存摺用來紀錄股票的買賣交易，以及持有的股數，不過股數是以「股」為單位，而非以「張」為單位。

銀行交割帳戶則用來支付買股票的金額，以後的現金股利、公司減資等金額，都會匯進這個帳戶。要注意的是，投資人可以同時在好幾家券商開戶，假設你在元大證券跟台新證券都持有台積電的股票，但是當台積電發放股利時，只認股東身分而不是銀行帳戶，所以只會匯到其中一個銀行帳戶（會先以通知單告知，也可變更），台積電不會將股利分開匯到你的 2 個銀行帳戶。

注意事項3 營業員以誠信為第一考量

營業員會清楚你所有的股票投資，所以要以「誠信」為第一考量。我曾經有一次下單要賣出5張股票，營業員卻賣出10張，原先我以為是營業員在電話中沒有聽清楚，後來又碰到一次相同狀況，我猜想營業員是為了業績，我馬上把所有股票匯出到另一家券商，並結束與那一家券商的往來。

還有一點一定要謹記，絕對不要把存摺、印鑑……等重要文件，交給營業員保管。

注意事項4 營業員要代操 請三思

如果你的營業員跟你說，要幫你操作戶頭內的股票，幫你賺價差，讓你可以躺著賺……請你「馬上更換營業員」。好好想想，他如果這麼厲害，就不會在櫃台後面當營業員了，他只是要賺你的交易手續費，就算你賠錢，他一樣有錢賺。

注意事項5 集保制度 不擔心會血本無歸

一旦買進股票後，股票是存在中央集保公司，買賣金額則是存在交易的銀行，都不是存在券商，基本上不用擔心萬一券商倒閉，股票跟現金會血本無歸。

注意事項6 按時補登存摺 避免被盜領

既然股票放在中央集保公司，營業員無法盜領，那麼可以都不去關心股票嗎？曾經發生過一個案例，某位投資人因為長期居住海外，營業員趁他不知情就一直買賣他帳戶內的股票，目的是賺取交易手續費，後來戶頭內的股票都被賠光了，營業員卻是賺飽了手續費。現在除了可以藉由券商 App 了解帳戶內的股票狀況，每隔一陣子我還是會去證券行補登存摺。

$ 股票交易該知道的13件事

完成開戶後，就可以買賣股票了，要注意哪些事情呢？

注意事項1 交易時間

依照整股、盤後、零股，分為 3 種交易時段。

❶**整股：**交易時間為上班日 09：00 ～ 13：30，買賣單位為 1 張（1,000 股），只要價格合理，通常會成交。

❷**盤後：**當你在上述時間內沒有完成交易時，收盤後還

有一次交易機會。如果接受以當天「收盤價」進行交易，可以在 14：00 ～ 14：30 提出交易，要以「張」為單位，但是不一定會成交。

❸**零股**：不足 1 張的股票交易，就稱為零股。原本零股只能在收盤後的 13：40 ～ 14：30 交易，自 2020 年 10 月底開放盤中也能進行零股買賣。

注意事項2 下單方式

主要有下列 3 種方式：

❶**臨櫃下單**：親自到證券行下單，不管是整股、盤後、零股等交易，直接跟營業員講，時間到了他就會下單。

❷**電話下單**：打電話給營業員下單。臨櫃或電話下單，需要委託營業員，因此手續費較貴，由於我很少在買賣股票，交易次數少，基於「照顧營業員」的想法，我大多採用上述 2 種交易方式。電話下單時要注意一些同音字，例如「買」、「賣」兩字在電話中很容易聽錯，所以我都是講「買進」跟「賣出」；

還有就是「4 張」跟「10 張」也很容易搞混，所以我一律講「4 千股」跟「1 萬股」。

❸網路下單：透過網路或是手機 App 下單最為便利，手續費也比較低，但是輸入的下單資訊，例如買進張數，由於沒有營業員幫你把關，所以一定要再三確認，千萬不要多按一個零。

注意事項3 交易資訊

臨櫃或電話下單，要提供帳號、交易股票名稱、張數及買賣價格等資訊，例如我在電話下單時會這樣說：「林小姐，帳號 123456，幫我買進台積電 1 張，價格 200 元。」上述資訊絕對不可以錯誤，特別是透過網路下單時，更是要小心忙中有錯。

有一次我急著賣出股票，填好張數跟股價馬上送出，沒注意到設定在「買進」，最後反而多買進了好幾張，要是帳戶中沒錢交割，就麻煩了！此外，如果不小心多按一個「0」，交易金額會變成 10 倍，所以一定要再三檢驗。

注意事項4 交割金額

在買進股票之前，最重要的是確認帳戶內有沒有足夠的金額交割，金額不足就會變成「違約交割」，可能會有民事及刑事的責任。通常將交易成功的當日稱為「T」日，然後匯款進帳戶內的最後時間點為「T+2」日的上午 10 點。例如在星期三成功買進股票，那麼最遲一定要在星期五上午 10 點前，將足夠交割的金額匯進帳戶內。

注意事項5 手續費、證交稅

買進和賣出股票時，券商都會收取手續費，一般為 0.1425%；賣出股票時，要額外繳交 0.3% 證交稅（ETF 則是 0.1%）。

舉例來說，若以 200 元買進一檔股票（手續費 285 元）、201 元賣出（手續費 286 元、證交稅 603 元），儘管 1 股賺進 1 元價差，1 張股票賺到 1,000 元，卻要繳交 1,174 元（285 + 286 + 603）的手續費與證交稅，還要倒貼 174 元，做當沖交易時要特別注意。

注意事項6 善用電子交易

由於券商間競爭激烈，大多會在交易手續費上提供打折優惠；使用網路、手機等電子交易，也可以爭取到更好的優惠，請直接跟券商洽詢。

買賣1張股票須負擔的稅費			單位：元
項目	股價	手續費（給券商）	證交稅（給政府）
買進	200	285	0
賣出	201	286	603

注意事項7 手續費單筆最低 20 元

目前多數券商仍保有單筆手續費最低 20 元的門檻，例如在股價 105 元買進 100 股中華電（2412），手續費為 14.96 元（105 元 ×100 股 ×0.1425%），但仍要繳交 20 元手續費。

注意事項8 善用預約單

每天 9：00 到 13：30 分的股市交易時間，看著股價上上下下的波動，很難定出一個合理價位，因此我習慣在 9 點開盤前打電話給營業員，交代好要買賣哪些股票，可以避免開盤後情緒被股價波動干擾，也可以善用手機 App 的預約單功能，在前一天晚上研究好隔天要交易哪些股票，然後下預約單，隔天就可以安心上班靜待股票成交。

下預約單的好處是可以遠離市場干擾，但提醒一下，目前台灣的預約單僅「隔日有效」，逾期未成交會被作廢。

注意事項9 限價

由投資人指定想買進或賣出的價格，就稱為「限價」，股票只會在此價格或優於此價格的情況下成交，例如指定在210元買進台積電，會在210元或以下（例如209.5元）買到股票；如果指定在110元賣出中華電，則會在110元或以上（例如110.5元）賣出股票。

注意事項10 市價

投資人不指定價格，由個股當時的成交價格（市價）來交易，如果股價剛好被拉到漲停板，就會買在當天的最高點；如果剛好被打到跌停板，也有可能賣在當天的最低點，除非是急著當天一定要成交的投資人，否則不建議採用「市價」買賣。

注意事項11 最小漲跌單位

股市中，有幾塊錢的雞蛋水餃股，也有幾千元的股王，因此最小漲跌單位並不一樣，例如當成交價為200元時，想加價買進就要設定在200.5元。

注意事項12 最佳5檔

買賣股票，如果知道目前市場上的出價情況，就可以增

不同股價區間的最小漲跌幅 單位：元	
市價	最小漲跌單位
小於10	0.01
10～50（不含）	0.05
50～100（不含）	0.1
100～500（不含）	0.5
500～1,000（不含）	1
1,000以上	5

加成交機率，此時可以參考「最佳 5 檔」，代表投資人現在最想買進或賣出的 5 個價位。以台積電某天交易資訊為例（見下圖），委賣方面，在 214 元有 894 張賣單排隊，要是你急著想買進的話，只要出價 214 元可以馬上成交；但是如果只想出價 213.5 元，就必須要排在 1,173 張的後面了。

台積電（2330）最佳5檔交易資訊

	委買		委賣		
L	1173	213.50	214.00	894	
	1856	213.00	214.50	559	H
	1400	212.50	215.00	787	
	1303	212.00	215.50	815	
	1119	211.50	216.00	1464	

注意事項13 成交順序

從上述例子可見，成交順序是以「價格優先」，出價最高者可優先買到，出價最低者則是優先賣出，因此以市價下單，一定會比限價下單優先成交。如果出價相同，則是越早出價者可以優先成交，所以我習慣在開盤前就先下單。

小富由儉 大富靠投資

已經學會開戶買賣股票，接著要來講一下投資心法，有正確的觀念才可以少走冤枉路。俗話說：「小富由儉、大富由天」，古代沒有投資致富的管道，所以到了現代，我要改成：「小富由儉、大富靠投資」。

先來說說小富由儉這一塊，每次我在超商購物，只要碰到有買咖啡的客人，排隊結帳的人龍就會比較長，我都會等比較久，於是就有時間思索超商的咖啡經濟學。根據統計，2016 年台灣超商賣出的咖啡高達 4.2 億杯，假設以一杯 45 元計算，總金額高達 189 億元。從這裡可以看見一筆 189 億元的現金流，從窮人的口袋流到富人（超商股東）的口袋，而且這筆現金流還在年年增加。

同樣的咖啡，在窮人跟富人間卻會造成不同結果。假設一個上班族，每天喝 2 杯 50 元的咖啡，會造成現金的流出，這 2 杯咖啡對他來說是「負債」；但富人卻可以將這 100 元拿去買進報酬率 5% 的股票，然後每年幫他產生 5 元的現金股利，這 2 杯咖啡對他來說反而變成了「資產」。

如果這個上班族，改用白開水代替咖啡這個負債，將每天這個 100 元，也就是 1 年 3.65 萬元，投資在報酬率 5%、10%、20% 的商品上面，可以幫自己累積成多少資產呢？

就算是報酬率最低的 5%，20 年後可以累積到 120.69 萬元，每年領取 5% 報酬就是 6.04 萬元，平均 1 天是 165 元，可以用來吃飯跟喝咖啡，這個就是「小富由儉」。如果是 20% 報酬率，只是省下每天 2 杯咖啡錢，20 年後可以累積到 681.41 萬元，每年領取 20% 報酬高達 136.3 萬元，足夠樂活退休了，這就是我說的「大富靠投資」。

想要由小富躋身成為大富，可以遵守下列方法：

方法1 紀律

徹底戒除抽菸、喝飲料等「負債」，改掉這些不好的花

每年投資3.65萬元累積資產 單位：元		
報酬率	10年	20年
5%	45.91萬	120.69萬
10%	58.17萬	209.05萬
20%	94.75萬	681.41萬

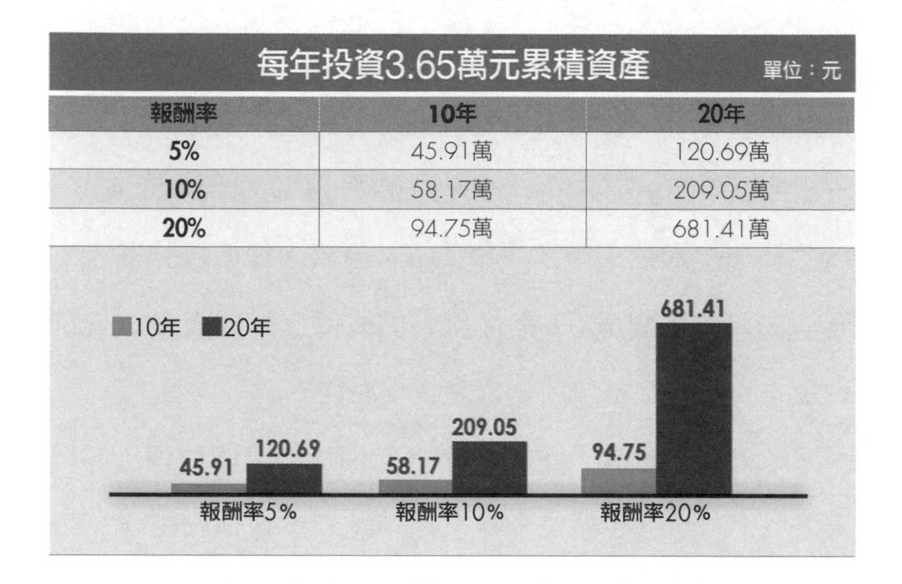

錢習慣，省下小錢來累積大錢。

方法2 記帳

上述紀律要靠個人意志力，當意志力薄弱時，就要靠「記帳」來加強自己的決心。養成記帳習慣，可以抓出漏財的原因，再小的漏洞都要馬上補起來，才能踏出成功的第一步。

方法3 正加強

如果將每天 100 元的咖啡錢，拿去買進 1 股的中華電，1 年下來可以買進 365 股，然後每年可以領到約 1,800 元現金股利，看著一直增加的股票與股利，「正加強」的心理效應，會讓你忘記存錢的辛苦，會欲罷不能地繼續存下去。

富人和窮人的差別：花錢順序不同

相信大家都聽過：「錢不是萬能，但沒有錢卻萬萬不能！」猶太人的經典《塔木德》中寫到：「空錢包害人最甚」，大家都曾經為空錢包而煩惱，窮人因為沒錢而失意沮喪，富人卻煩惱要買哪一戶豪宅、哪一台超跑？富人為何這樣有錢？有沒有一個簡單的公式可以學習呢？

富人公式：收入－（儲蓄＋投資）＝支出

富人因子1 收入

重點在於「開源節流」，例如在空閒時間兼差，以及減少不必要花費，才有更多錢進行投資。

富人因子2 儲蓄

天有不測風雲，最好能夠儲蓄一筆半年到 1 年的生活費，來應付生病、失業等意外狀況。2008 年金融海嘯期間，很多人因為公司倒閉或放無薪假，缺錢之下被迫用很低的價錢賣出手中好股票，不僅導致財富大幅縮水，當海嘯停息、股市向上時，手上也沒有股票讓財富增值。

只有不缺錢的人才能做好投資，手中保有一筆儲蓄，不僅可以應急，還可以在股災時，發揮逢低加碼的槓桿效果。

富人因子3 支出

當薪水發放下來後，一般人的做法是開始付帳單、購物消費……月底有結餘時再存起來，但是往往因為沒有計畫，所以月底時也沒剩下多少錢。有錢人的差別在於「有計畫」，他只花「存剩的錢」，例如月薪5萬元，事先計畫好1個月存5千元、投資股票1萬元，他會先把1.5萬元轉帳到別的帳戶，剩下的3.5萬元才是生活費。

富人因子4 多個帳戶

盡量把不同用途的錢，放在不同的帳戶。只要薪水一進來，馬上將預設的金額轉存到儲蓄及股票投資的帳戶，建立儲蓄、投資、生活費這3個不同用途的帳戶，各司其職且不可以相互干擾。

「犧牲享受，享受犧牲」就是這個富人公式的最佳註解，富人了解股票資產其實是一個聚寶盆，所以願意犧牲小確幸，傾盡全力打造聚寶盆，一旦完成了這個聚寶盆，就會產生源源不絕的現金流，享受之前犧牲的成果。窮人靠工作，富人靠資產，沒有人願意一輩子辛苦上班工作，請盡早打造屬於自己的聚寶盆。

$ 存到自己的300張股票

幾年前我參加一個同學會，某位同學已經晉身外商公司的高階主管，年薪將近 500 萬元，令我頗為羨慕。但是美國母公司一直在縮編台灣業務，沒多久他就被資遣了，雪上加霜的是他離了婚，一個人要帶 2 個小孩，以往的積蓄又早被另一半揮霍一空，連房子也沒了，他只能從新開始，要我幫他的下半生做一下規畫，我給他 3 個建議。

首先是開源，由於他是有專業能力的高階經理人，一定要積極尋找下一個工作，有穩定的收入才能做好投資；其次是節流，我強烈建議他加入我的「不敗教」，不准再敗家、買奢侈品，努力省錢累積資產，才會帶進現金流。

第三，要投資，他以前的收入很高，不需要靠投資理財增加收入，所以也沒有投資過股票，但是他的財富已經歸零，且年紀漸長，能再工作賺錢多少年？還是要靠投資股票來累積資產，創造另一筆被動收入，未來才有保障。

「穩定＋積極」是我給他的投資建議，投資股票獲利的途徑不外乎股利跟價差，如果可以穩定領取股利，並積極賺取價差，就可以增加投資的績效。

建議1 穩定

因為年紀漸長，工作賺錢的年數越少，但是家庭負擔越重，不能承擔太大的風險，否則一旦投資失利就很難翻身，所以我給他的投資組合中，約有 60% 是長期投資的績優龍頭股，目的是領取穩定的股利。

建議2 積極

45 歲才開始投資，稍嫌晚了一點，沒有太多時間讓資產慢慢成長，所以必須積極賺取價差來提高報酬率，最好的方法就是善用景氣循環，低買高賣賺取機會財。

幸好他被外商公司資遣時領了一筆錢，之後也順利找到了工作，最近幾年一直節流省錢買進股票，逐漸累積了不少的股票資產。

下表是他 2016 年時主要持股及領取的股利，其中 2 家大型金控獲利穩定、股利迷人，鴻海（2317）是世界級的代工龍頭；以這 3 家為核心持股，不僅風險低，也可以領取穩定的股利。

由表中可以看出，他持有的 3 家公司都配發相當不錯的股利，2016 年合計可以領取近 78.37 萬元，平均每個月可以得到 6.53 萬元，足以應付一般家庭的開銷了！

但是在 2017 年，由於中信金跟鴻海停止配發股票股利，

用3個核心持股賺取穩定股利 單位：元

中信金（2891）		台新金（2887）		鴻海（2317）	
持有張數：200張		持有張數：100張		持有張數：16張	
現金股利	股票股利	現金股利	股票股利	現金股利	股票股利
0.81	0.8	0.48	0.72	4	1
配發現金	配發股票	配發現金	配發股票	配發現金	配發股票
162,000	16張	48,000	7.2張	64,000	1.6張
股利合計		股利合計		股利合計	
450,000		133,680		200,000	
總計：783,680元					

註：股票股利以2016/12/09收盤價換算市值，中信金為18元、台新金為11.9元、鴻海為85元。

股利收入減少了許多，不過因為股價上漲賺進了不少價差，可以彌補減少的股利。

儘管平均 1 個月可以領到 6 萬多元的股利，但是他每個月要花 3 萬多元租房子，小孩長大後讀大學、出國留學……都需要用錢，可以光靠這筆股利就能安穩退休嗎？萬一股利不穩定該怎麼辦呢？所以，我建議他這樣做，除了持續用股利買進績優股票，逐步擴大資產之外，再來就是積極賺取價差。

做價差就是「低買高賣」，通常只有神仙可以預測到股價的最低跟最高點，我們凡人只能靠景氣循環，也就是「物極必反」的道理來賺機會財，以下拿他 2016 年操作的幾檔股票來做一下說明：

賺價差範例 1 亞泥（1102）

2015 年下半年起，中國經濟下修加上產能過剩，水泥價格一蹶不振，台泥（1101）與亞泥的獲利均創下近年新低記錄，2016 年大陸水泥業一直進行減產保價，他開始逢低買進亞泥，2016 年第 3 季起大陸水泥價格開始回升，到 2017 年賣掉後，獲利約 20%。

賺價差範例2 長虹（5534）

2012年起政府開始增加打房力道，營建股無不哀嚎，績優生長虹（5534）在2015年的EPS僅2.44元，但是該年底長虹董事長宣布隔年（2016年）可以賺進一個股本，我跟他在2016年初以40元左右的價格買進，持有至2017年，已經獲利超過80%。

賺價差範例3 蘋概股

我這個同學是蘋果手機愛好者，所以他很看好2016年9月問世的iPhone 7，iPhone主要代工廠商是鴻海與和碩（4938），但是越靠近iPhone 7的推出日期，前一代的iPhone 6S也會越賣越差。

我觀察到鴻海與和碩在2016年4、5月的營收極為慘澹，直覺就是撿便宜的好時機，他在70元附近買進鴻海，在60～70元間買進和碩；iPhone 7推出後，用接近90元的價位出清和碩，加上5.03元的現金股利，獲利超過30%！然後他又看好2017年的iPhone 8，因此持續逢低買進鴻海，到2017年8月已經獲利超過50%。此外，他也在美國股市買進蘋果的股票，長期投資下來賺了不少價差。

賺價差範例4 期元大S&P石油（00642U）

大家每個星期都可以看見中油的油價調幅，也可以在媒體看見產油國吵吵鬧鬧的新聞，油價波動就有賺價差的空間，當國際原油價格跌到波段低點時，我跟他會參考原油供需的新聞，並利用KD、MACD等技術指標，買進期元大S&P石油（00642U），及美國USO等股票，等到油價高漲時拋售，每次都賺進不少的加油錢。

上述的投資方法其實很簡單，首先買進的都是產業龍頭公司的股票，每年都有穩定的獲利及配息，並趁著好公司碰上倒楣事（例如台新金失去彰銀經營權時，股價曾跌到10元），積極加碼來增加報酬率，並且將持股分散在金融、水泥、電子、營建等不同的產業。最後就是善用產業的景氣循環（水泥、營建、蘋概……），趁著景氣低點時買進，低進高出賺價差。

這種投資方法不需要太高深的專業知識，就算萬一看錯景氣循環，畢竟買進的都是績優公司，一樣可以安穩領股利，可攻可守。目前，我同學大約60%資金放在核心持股，領取穩定的股利；40%資金利用景氣循環賺價差。

為何是 60% 穩定、40% 積極呢？我認為還是要看個人自身狀況而定，每個人的工作收入、生活支出、退休規畫……都不盡相同，所以沒有一定標準。不過等同學年紀越來越大（60 歲以後）、資金越來越多之後，我就會要求他以穩定為主了（例如 80% 以上），如果光靠股利就可以安穩過活，就不要做價差來承擔太大的風險！

$ 靠錢來滾錢 一點都不辛苦

我相信每個人都可以靠這些方法，努力打造自己的 300 張股票。持有 300 張股票究竟有哪些好處呢？以我的持股為例，如果存到 300 張中信金、第一金（2892）或是台灣高股息（0056），領到的股利等於每個月幫自己加薪 3 萬元左右；如果是存到 300 張鴻海、中華電、聯詠（3034）或是台積電，當然就可以馬上退休了。

讀者或許會問，上述 300 張股票恐怕需要不少錢買？確實啊！以 2017 年股價來說，300 張中信金就需要 600 萬元，就算認真上班、省吃儉用，大概還是要存上十幾、

持有300張股票的好處　　單位：元

公司	中信金	第一金		台灣高股息	中華電	鴻海	聯詠	台積電
代號	2891	2892		0056	2412	2317	3034	2330
股利	現金	現金	股票	現金	現金	現金	現金	現金
	1	1.2	0.2	0.95	4.94	4.5	7	7
股利金額	30萬	36萬	10.8萬	28.5萬	148.2萬	135萬	210萬	210萬

說明：以2017年股利計算。

二十年，有沒有更快的方法呢？當然有，答案就是：「逢低買進＋配股配息」。

一樣以中信金為例，如果在金融海嘯期間，用 10 元的價錢買進 150 張，然後把每年的配股配息持續投入，在 2017 年就會滾到 300 張了，而且總成本只要 150 萬元。所以，利用股災時買進便宜的績優股，然後靠著配股配息增加張數，就可以用少少的資金，存進多多的股票。

未來的少子化、人口老化、物價飆漲等危機，時時刻刻都在侵蝕著我們退休的生活品質，儘管醫療進步、餘命增加，但是我相信沒有人願意工作到70歲！不過如果是別人工作到70歲，賺錢讓你在50、60歲退休，我想大家都不會排斥吧？窮人靠工作，富人靠資產，唯有趁年輕時，努力存下自己的300張股票，靠著股票發放的股利，賺取別人辛勤工作的成果，才可以早日達到財務自由的人生。

別人辛苦工作來讓我提早退休，這樣說起來似乎有點殘忍，但是自由經濟就是這樣運作，而且遊戲規則也是公平的，就看你如何去選擇。

我相信，每個人都可以存到自己的300張股票，然後去分享別人工作的成果，投資股票一定要趁早，莫等閒、白了少年頭，空悲切！

加快存股速度
資產配置最有用

第4章

加快存股速度 資產配置最有用

在存自己的300張股票過程中，就跟蓋大樓一樣，必須要有穩固的根基，才可以抵擋地震、颱風等意外災害，存股之路才能走得長長久久，不過年輕人若能搭配衛星持股操作，就能加快存股腳步，這種「核心＋衛星」的資產配置招術雖然是老生常談，方法卻很有用。

核心持股就等於股票資產的根基，唯有根基穩固才可以抵抗意外的股災，2008年金融海嘯期間，儘管股市大跌，但是我的台積電（2330）、鴻海（2317）、中信金（2891）、華碩（2357）、聯詠（3034）等股票，不僅屹立不倒，每年還貢獻我穩定的股利現金流，讓我可以趁機大買便宜的股票，如今這些股票都成為我的核心持股。

我選擇核心持股的重點在於，可以提供穩定的股利現金流，除了能當作退休後的生活費，還可以用來持續買進股票。但是這類型股票，通常具有股本較大、獲利成長率較低的缺點，核心持股產生的股利必須繳交不少稅，相對也就降低了整體報酬率。

不少網友問過我股利繳稅的問題，其實股利所得只能誠實繳稅，完全沒有節稅、甚至是逃稅的空間，因此我會積極操作股票賺價差，靠價差彌補股利繳稅損失。所以，除了核心持股之外，我會投資一些成長潛力比較高的小型股，當成衛星持股，目的就是賺取價差，而且核心持股搭配衛星持股的投資組合，同時兼具「穩定＋成長」的優點。

$ 用核心持股打地基 好股票就放生吧！

以下拿我的持股來做說明，首先是核心持股的部分，台積電、鴻海、中信金、第一金（2892）……都是該產業的龍頭股，獲利非常穩定，這類股票我會長期持有。

持有這些股票的好處就是讓我「很放心」，通常我只是每個月看一下公司的營收跟 EPS，不用花太多時間在其他研究上，每年就可以安心領到穩定的股利，然後把時間花在研究要繼續買進哪些股票。

首先來看看我的核心持股表現如何，由於要跟後面幾支我在 2016 年買進的衛星持股比較，所以下表只統計 2016～2017 年的數據。

除了股利外，台積電、鴻海、中信金、第一金這 4 支股票從 2016 年至 2022 年，也讓我賺進不少價差，像是持股比例最大的台積電，從 2016 年初的 140 元大漲至 2022 年 5 月 18 日收盤價 538 元，漲幅 284%（只計算股價，未計算股利）。

核心持股持有2年股利表現 單位：元

股票	台積電		鴻海		中信金		第一金	
代號	2330		2317		2891		2892	
年度	現金	股票	現金	股票	現金	股票	現金	股票
2016	6	0	4	1	0.81	0.8	0.95	0.45
2017	7	0	4.5	0	1	0	1.2	0.2

這幾支股票我還會繼續存上幾年，不會急著獲利出場，原因說明如下。

核心持股1 台積電（2330）

台積電是台灣最有競爭力的公司，長期累積的晶圓製造技術領先全球，每年投入 100 億美元的資本支出，更是讓其他小廠難以與其競爭。至於產業的前景，隨著科技日新月異，智慧手機、高性能運算（人工智慧）、物聯網及車用電子相關的自動駕駛車、機器人、無人化工廠……等產業，需求只會越來越高，而且這些產品都需要 IC。

我相信，未來的科技會不斷成長，IC 的需求只會越來越高，擁有技術領先與資金雄厚兩大護城河的台積電，正行駛在一望無際的藍海之中。

核心持股2 鴻海（2317）

2017 年 6 月，麥格理證券預言鴻海是未來世界的整合者，可以跨足智慧家庭、智慧車、智慧工廠、智慧醫療服務等 4 大新市場，我特別看好自動車與機器人產業，自動車早已經出現在馬路上測試，機器人也即將走入家庭，幫忙照顧老人、小孩，以及執行居家保全等工作。

每個企業經營者為了節省員工薪水，都會想要用機器人來取代人力，「無人化工廠」這一天遲早會到來。在大陸有100萬民勞工的鴻海集團，特別積極開發機器人與自動化等技術，除了可以大幅降低生產成本，還能夠將技術輸出到全世界，賺進大把的鈔票。

往年鴻海因為長年配股，股本持續膨脹，導致EPS被壓縮在8元附近，股價也被壓在百元之下，本益比只有10倍。2017年鴻海宣布不配發股票股利，股價一路上漲到除息前的120元，我預估鴻海在控制股本之後，EPS可望逐年往10元以上邁進，本益比也可以慢慢跟台積電的16倍看齊。

核心持股3 中信金（2891）、第一金（2892）

這2家公司分屬民營與官股銀行的龍頭公司，獲利非常穩定，且2022年開始全球進入緩慢的升息循環，有助於金融業的獲利。

如果要長期存股，重點就在於「預測未來」，電影中的自動車、家庭與工廠機器人等情節，未來會一一實現，負責製造組裝的鴻海，提供IC的台積電，仍有很大的獲利成長空間。此外，現在是自由經濟的時代，大家需要銀行來存錢、貸款，而且金融商品只會越來越多，經濟活動也會越來越熱絡，因此我還是會長期持有龍頭金控的股票。

如同前面所分析，產業前景樂觀，公司也擁有強大的競爭力，這種股票我會採取「長期持有＋逢低加碼」的投資策略，我都開玩笑說，我已經「放生」這些股票了，我從來就沒有關心過台積電，但是台積電前董事長張忠謀已經幫我「工作」了 20 幾年，我完完全全信賴他。

投資股票多年，我漸漸發現擁有「放生」股票的好處，如果我手上有越來越多被「放生」的股票，除了能夠享受公司的淨值成長，每年還可以穩定領取股利，讓我享受樂活的退休生活。

對於這類前景看好、公司有競爭力，被我放生、讓我樂活的股票，我會當成核心持股來緊緊抱住，不會隨便就停利出場，反而會趁著股災來臨之際，拼命加碼買進。

$ 靠衛星持股賺外快 該做的功課不能省！

儘管台積電從 2011 年開始，股價跟股利持續上漲，讓投資人賺進大把鈔票；但是 2001 ～ 2010 年這 10 年間，股價只在 60 元上下橫向盤整，股利也只有 3 元左右，回想起來，我真不曉得自己是如何撐過這 10 年。同樣的情況也發生在鴻海上面，2011 ～ 2016 年的股價都被壓在百元之下，表現只能說是差強人意。

大象不容易奔跑，是核心持股的缺點之一，長期持有台泥、亞泥、鴻海、中信金、第一金的我更是有深刻感受，特別是看著小型股接連飆漲之際，更是可以體會「穩定也是要付出代價」的道理，所以我會把每年從核心持股領到的股利，拿出一些來投資有潛力的小型股，這些就是所謂的衛星持股，希望可以賺取更大的報酬。

以下分享一下我在 2016 年投資的一些衛星持股，並詳細說明我做了哪些功課及考量。

衛星持股 1 聯超（4752）

2015 年初受惠國際油價大跌，聯超獲利開始出現暴發性成長，好友算利教官楊禮軒跟我分享他的研究心得，2015 年底我在 20 元附近買進，經過 2016 年除權息（2.5 元現金股利＋2 元股票股利），持有至 2017 年 7 月，已經獲利將近 1 倍。

衛星持股2 大豐電（6184）

2016年6月，楊教官跟我談到大豐電與同業之間的殺價競爭已經結束，我開始逢低買進股票，經過2016年除權息（0.5元現金股利＋1.3元股票股利），持有至2017年5月的獲利超過30%。

衛星持股3 佳世達（2352）

2016年暑假，某位好友跟我分享這一支股票，他研究後認為佳世達積極轉型，並跨足生技醫療產業，建議我可以慢慢買進。我觀察到2016年下半年，面板產業的景氣開始翻揚，佳世達的子公司友達（2409）獲利逐季上揚，開始上繳獲利給佳世達，便在12～18元之間陸續買進，短短1年獲利超過70%。

衛星持股4 長虹（5534）

營建類股通常被歸類為景氣循環股，當2010～2013年房市景氣熱絡時，長虹建設每年獲利都超過1個股本（EPS 10元）。但是，政府為了因應高房價問題，不斷推出奢侈稅、豪宅稅、實價登錄、囤房稅等打房措施，營建股進入景氣的寒冬，2014、2015年的EPS分別只剩下7.22元與2.44元，衰退頗為嚴重。

2015 年底我注意到一則新聞：「長虹董事長李文造宣示，2016 年有 3 大建案即將入帳，法人預估有機會大賺一個股本。」營建業的景氣要從谷底翻揚了嗎？讓我心生買進的念頭。在買進股票之前，我先做了下列的評估：

❶誠信：當公司高層發表樂觀的預估時，一定要檢視他以往的誠信，以及有沒有預估不準確，或是說謊的前科，李文造過去並無公開說謊的紀錄，因此 3 大建案入列的說法，應該極為可信。

❷營收認列：3 大建案完工之後，營收會順利進來嗎？一般人買房並繳交頭期款之後，違約認賠的機率並不高，所以我認為公司可以順利收到錢。

❸會不會繼續打房：打房政策其實是兩面刃，固然可以讓空手的人買到較廉價的房子，但是對於已經有房貸的民眾而言，爆跌的房價會降低在銀行抵押的房屋價值，銀行可能會要求你補足差額，甚至拍賣你的房子，所以低房價會導致銀行吃呆帳、房仲業蕭條、失業率上升⋯⋯

而且大多數台灣人的資產都跟房屋綁在一起，房價大跌會讓人民的資產嚴重縮水，導致大家不敢隨意消費，最後會拖垮經濟發展，因此我評估政府不會持續打房，營建業最壞的時機已經過去。

經過上述的評估之後，2016 年初我在 42 元附近買進，除息 2.84 元之後成本只剩下 40 元。在買進之時，我擬定了下列的投資策略：

❶業績：首先追蹤 2016 年長虹是否真的賺進一個股本，2016 年的年報最遲在 2017 年 3 月 31 日前會公告。

❷股利：如果順利賺進一個股本，在 5 月召開董事會時，應該會宣布不錯的股利政策，帶動股價上漲。

❸停利：當股利政策宣布之後，2017 年 8 月除息之時，會因為高殖利率的除息行情，帶動股價持續上漲，此時就可以考慮逢高停利出場。

❹評估：2017 年上半年，長虹公告 2016 年的 EPS 為 9.69 元，而且預計配發 6 元現金股利，都符合我上述預期，股價也如當初預估般上漲，那麼我要按原先計畫在 2017 年 8 月賣股嗎？請記住「股價看未來」，賣股之前我繼續追蹤長虹未來的獲利，發現 2017 年長虹會有 5 大建案持續挹注營運，

一樣有機會賺進一個股本。

既然業績不錯，就不急著賣股了，由於我的成本只有40元，2017年光領6元現金股利也有15%的報酬率，所以打算繼續抱股到2018年，屆時重新評估當年長虹的獲利之後，再來考慮要不要獲利出場。

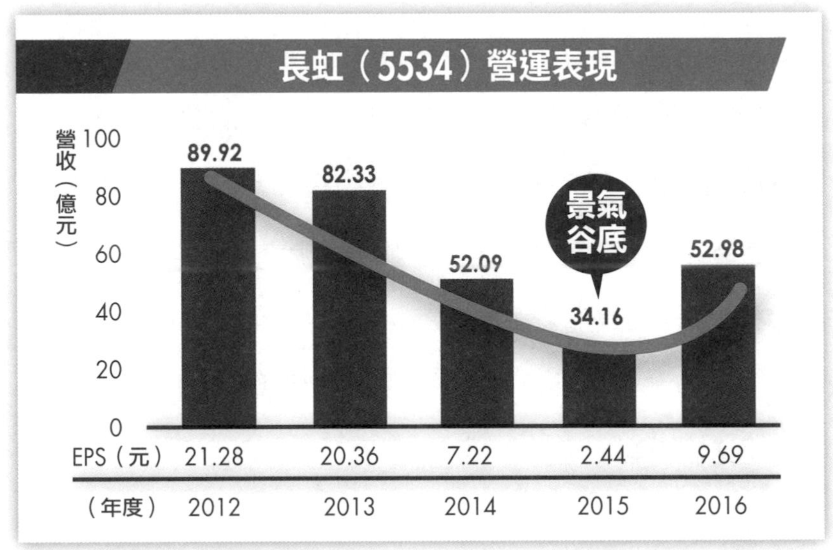

資料來源：CMoney法人決策系統

從上圖長虹營運表現可以明顯看出，長虹的營收跟獲利會隨著景氣起伏，是標準的「景氣循環股」。景氣循環股對我來說，重點不在於存股領股利，而是在於低進高出賺價差。

2017 年 7 月長虹股價站上 70 元，每股已經賺進了 30 元的價差（報酬率 75%），以 2017 年配發 6 元現金股利來計算，30 元價差等於賺進 5 年的股利。

由於我的買進成本很低，所以會繼續抱股領股利，一旦觀察到景氣從高點反轉，就會獲利了結，然後靜待景氣由谷底反彈，再買回來賺價差。景氣循環股順著景氣起伏做價差，我相信會強過存股領股利（股利還要繳稅）。

衛星持股5 群聯（8299）

2016 年 8 月初，檢調大動作搜索全球前二大快閃記憶體（NAND Flash）IC 控制晶片商群聯電子（8299），檢調懷疑該公司做假帳，有圖利個人跟財報不實的嫌疑。董事長潘健成應訊後以 2 千萬元交保，他承認踩到財報不實的紅線，但願意以生命擔保，絕對沒有圖利個人，也沒有淘空公司。

首先看一下群聯歷年的經營績效（見下頁表），最近幾年獲利都很不錯，也有穩定配發現金股利，是一家有競爭力的好公司，但財報不實是很嚴重的疏失，特別是一些不法的公司會用假財報來坑殺投資人。我一向將公司經營者的誠信擺在第一位，寧可少賺也不碰財報有問題的公司。

群聯（8299）股利政策 單位：元						
年度	2011	2012	2013	2014	2015	2016
年均股價	161	224	217	210	248	249
EPS	14.68	15	17.57	17.48	20.41	24.67
現金股利	7	8	10.22	11.2	12	14

檢調搜索的消息曝光後，群聯股價馬上跳空大跌，而且成交量爆出巨量，令我好奇的是，當週成交了 6 萬張股票，幾乎是往常的 10 倍。6 萬張的成交量將近 150 億元，不太可能是散戶買進的，難道是外資、法人、大戶……看好該公司

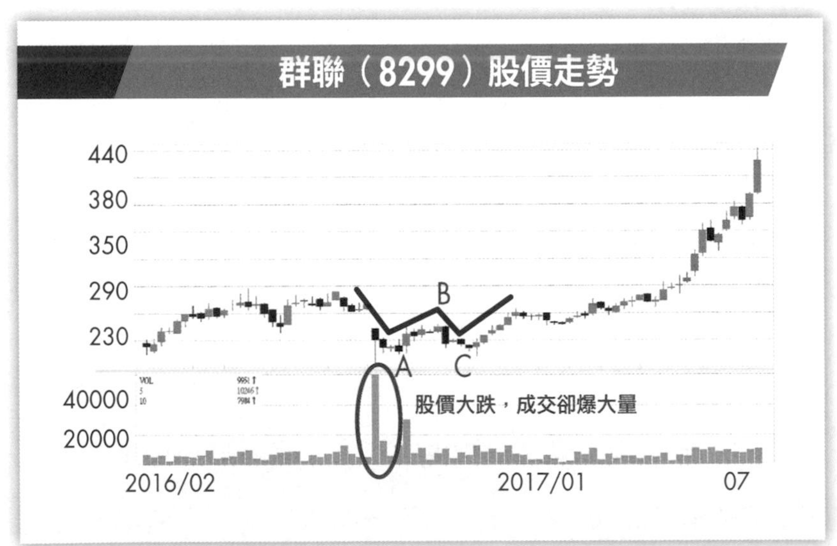

資料來源：CMoney法人決策系統

的未來而積極搶進？或是假帳風暴另有隱情？頗耐人尋味。

儘管我一向拒絕財報不實的股票，但是也一直思索成交爆大量的原因，所以還是持續觀察，從群聯股價走勢圖可以看出打了一個很漂亮的 W 底。

❶ A 點：W 底的第一隻腳，一開始的恐慌殺盤造成股價大跌，但是也有撿便宜的買盤來撐住股價，讓股價上漲。

❷ B 點：股價上漲到 B 點，當初在 A 點捨不得賣股票的賣壓又開始出籠，而之前在 A 點買進的投資人也開始獲利了結，於是又將股價往下壓。

❸ C 點：當股價再跌到 C 點時，原先在 A 點沒買到股票或是買不夠的投資人又持續進場，讓股價止跌並推升向上。

當股價爆跌到第一隻腳時，我選擇觀望並持續研究財報做假的原因，我在網路上搜尋了很多資料，相信公司宣稱的沒有淘空，也沒有圖利個人等說辭，所以不認為是群聯的誠信有問題，反而認定是好公司碰上倒楣事，一直等到在 C 點打完第二隻腳後，確定底部的買盤支撐力道強勁，才開始在 220 ～ 230 元之間買進，買進之前我也做了下列的評估：

❶本益比：群聯公告的 2016 年前 3 季的 EPS 為 17.18 元，

我保守預估全年 EPS 約為 23 元，在 220 ～ 230 元買進時本益比不到 10 倍。

❷現金殖利率：群聯過去幾年盈餘分配率平均約 60%，以此計算可以配發 13.8 元現金股利（23 元 ×60%），以 220 ～ 230 元買進，現金股利殖利率超過 6%。後來群聯宣布配發 14 元現金股利，也符合我的預測。

❸產業前景：這是我買進群聯的最主要原因，從 iPhone 6 推出以來，我觀察到手機使用的記憶體有越來越多的趨勢，且隨著手機功能日新月異，記憶體需求量只會越來越多。

拿我自己的使用經驗來說，我在 2014 年買的 LG 手機，只有搭配 16 GB 的記憶體，但是 2017 年初我換 Asus 手機，已經搭配到 64 GB 了。手機、平板等電子裝置功能越來越強，需要的記憶體也會越來越多，因此群聯近幾年 EPS 跟股利，都穩定成長。

我最喜歡的股票，就是這種產業前景看好，公司有很強大的競爭力，然後又不幸碰上倒楣事，此時勇敢逢低買進，就可以創造高額的利潤，果然買進後不到 1 年，股價就大漲了 1 倍。儘管公司做假帳的官司仍未落幕，但是我已經獲利出場。

$ 長期存股路上 一定要有「避險」概念

台股在萬點行情上的多頭走勢維持了多年，但市場不可能一直好下去。由於我習慣滿手股票、幾乎不留現金，好處是當股市大漲或是發放股利時，可以得到最大的益處。缺點則是，一旦股市反轉就會受傷慘重，因此我會思索如何「避險」，這也是存股路上必需要做的事。

元大台灣 50 反 1（00632R，簡稱 T50 反 1），就是我避險的一個選擇，T50 反 1 的特點是跟大盤「單日反向」，如果我買進一些 T50 反 1，當大盤從萬點反轉往下時，儘管我大多數的持股會有價差損失，但是 T50 反 1 卻會賺錢，可以達到減少損失的避險效果。

假設投資人持有 1,000 萬元股票，然後買進 200 萬元的 T50 反 1，來看一下避險的效果。

❶**大盤下跌 10%：**1,000 萬元的股票會損失 100 萬元，但是 T50 反 1 會賺進 20 萬元，所以總損失為 80 萬元，有達到避險效果。

❷**大盤上漲 10%：**1,000 萬元的股票會獲利 100 萬元，但

是T50反1會損失20萬元，總獲利為80萬元，只是少賺而已，但還是有賺。

從上面分析看起來，用部分資金買進T50反1，確實具有避險效果，因此我曾在大盤9,600點附近買進T50反1（當時台股未上萬點，算相對高檔），最後認賠出場，原因如下。

原因1 錯估局勢

2016年川普當選美國總統後，專家預測的黑天鵝並未出現，美國股市不斷創新高；台股也從9,600點一路往上衝到2017年8月的10,619點，持有T50反1當然會賠錢。

原因2 不適合長期投資

T50反1的全名是「元大台灣50單日反向1倍基金」，請注意「單日」這2個字；公開說明書也明示：「本基金不適合追求長期投資……之投資人。」請再注意一下「不適合追求長期投資」這幾個字。

原因3 單日反向

台灣50（0050）、台灣高股息（0056）這類原型ETF，是藉由買進基金成分股的股票，來達到追蹤指數的目的，但市場上並沒有反向的股票可以購買，所以T50反1主要是以期貨交易來達到「單日反向」的效果。理論上，T50 反 1 只是跟大盤反向，所以當大盤指數不變時，T50 反 1 的股價應該也是會相同，但是事實卻不然，如下圖所示。

資料來源：CMoney法人決策系統

來看看實際的統計數據，如下表所示的期間，大盤下跌了0.04%，理論上T50反1應該上漲0.04%（反向），但是卻反而下跌了16%，究竟是為什麼呢？

大盤指數 vs T50反1變動比較				
日期	大盤		T50反1	
	指數	漲跌幅	股價（元）	漲跌幅
2015/4/27	9,973	-0.04%	17.65	-16%
2017/5/18	9,969		14.82	

前面提到，T50反1主要是以期貨交易來達到「單日反向」的效果，但頻繁的期貨交易會產生手續費與轉倉等費用，會侵蝕基金淨值，難怪股價一直下跌了。從上表數據可以看出，2年期間T50反1下跌了16%，也就是長期持有的話，就算大盤指數完全不動，T50反1每年還是會下跌8%，不可不慎。

此外，T50反1還有一個最大的缺點，它沒有如同0050般買進台積電、鴻海……等公司的股票，所以一旦套牢也無法靠著股息來降低成本，所以T50反1真的不建議長期投資。我因為想避險買進T50反1，但是發現錯估局勢後立刻認賠殺出，不然只會越存越薄。同樣地，川普當選美國總統後，我也買進一些富邦 VIX（00677U）避險，下場一樣是早早認賠出場，不敢拿「長期投資」來欺騙自己。

$ 謹守原則「防守＋攻擊」加快存股腳步

我的核心持股只會放著領股利，不會停利實現資本利得，因此每年能夠實際拿到手就只有股利，賺不到價差。

2017年核心持股平均股息殖利率

名稱	台積電	鴻海	聯詠	中信金	第一金
代號	2330	2317	3034	2891	2892
殖利率	3.56%	4.58%	5.96%	5.29%	7.46%

好處1 金雞母

核心持股如同會下金蛋的金雞母，只要持續下蛋，我絕對不會出售，目前我每年可以領到約 500 萬元股利，足夠讓我持續買進其他績優好股票。

好處2 成本較低

上表的殖利率是用年平均股價計算，看起來股息殖利率似乎不大高？但是以我的持股「成本」來計算，結果就不一樣了，例如我持有 20 幾年的台積電，成本已經是零，中信金的成本也只有個位數，以我的成本計算，殖利率其實很高。

好處3 張數多

每年領到股利的多寡，跟持有張數有關，這幾支股票都是該產業的績優龍頭股，所以我敢放心持有較多的張數，有幾支股票都持有超過百張，自然可以拿到不錯的股利。

好處4 穩賺不賠

這幾支股票每年的獲利都很穩定，我持續靠著配股配息降低成本，要賠錢的機率真的非常低，這些核心持股的好處，就是可以「手中有股票，心中無股價」。

接著來看衛星持股，我在 2016 年買進下列衛星持股，由於這幾支股票會趁機獲利了結，因此只有計算價差報酬率。

特性1 報酬率較高

核心持股通常每年只領個幾趴的股利，所以我會搭配衛星

2016～2017年衛星持股價差報酬率

公司	聯超	大豐電	佳世達	長虹	群聯	T50反1	富邦VIX
代號	4752	6184	2352	5534	8299	00632R	00677U
報酬率	100%	30%	70%	75%	100%	虧損	虧損

持股來提高整體報酬率。以我持有約 400 張的中信金而言，2017 年 1 股配發 1 元現金股利，400 張可以領到 40 萬元；但衛星持股的群聯，1 年間 1 股就賺進 200 元價差，只要買進 2 張就獲利 40 萬元，衛星持股就是具備這種「小兵立大功」的特性。

特性2 轉機

想要獲取高報酬，就要挑選有轉機題材的個股，然後提早買進，聯超、大豐電、佳世達、長虹，都是預測獲利會逐漸變好，然後提早買進。

特性3 危機入市

群聯最具代表性，2016 年 8 月因為假帳風波，股價從 280 元急跌至 200 元附近，後來假帳事件被澄清，加上產品供不應求，1 年內股價大漲 1 倍，「好公司遇上倒楣事」通常是賺錢最佳的捷徑。

特性4 善用景氣循環

「在景氣谷底時買進，景氣高峰時賣出」是投資景氣循環股的訣竅，可惜很多投資人還是喜歡「眼見為憑」，在景氣熱絡、公司賺大錢之時買進，一旦碰上景氣反轉，很可能賠錢收場。

特性5 勤做功課

衛星持股的特點就是「高報酬、高風險」，因此投資人要勤做功課，絕對不要用「道聽塗說」來買股票，所有的消息都要小心求證。

特性6 張數較少

衛星持股我通常會堅守「張數少」及「分散」這 2 個原則，想要獲取高報酬就必須買在公司倒楣的時候，但再怎樣認真做研究，多少有一點「賭」的成分，所以我不敢像中信金這樣一買就是 400 張，只敢買少一點，然後分散到其他衛星持股上面，以降低風險。

要記住的是，投資沒有穩賺不賠！我在 T50 反 1 及富邦 VIX 這 2 支股票，大概賠了 10 萬元。

我相信往後還是會有讓我賠錢的衛星持股，但是我會謹守「安全邊際」的原則，一定要等到股價夠便宜的時候才出手，然後絕不重押單一股票，只要能維持賺多輸少，平均下來還是會賺錢。

[核心、衛星持股的差別]

核心持股對我來說就是穩穩賺，但是速度較慢；衛星持股雖然會有高報酬，但是要花時間研究，兩者差別在於：

差別❶ 安穩vs波動

我的核心持股都是績優龍頭股，就算再來一次股災，我也睡得著覺；衛星持股則要時時關心公司營運及國際金融環境，萬一不幸碰到意外，股價波動會讓我睡不著。

差別❷ 穩賺vs賭

核心持股只要安心領股利、持續買進其他好股票，穩穩操作就會贏；衛星持股就是在賭公司的「否極泰來」、「未來成長」，賭贏了獲利豐厚，但不可能只賺不賠。

差別❸ 資金多vs資金少

資金多的投資人可以持有多一點的核心持股，每年安穩領股利過生活即可，無須耗費時間研究衛星持股再擔心受怕。但是資金少的小資族，還是要搭配一些獲利成長、發放股票股利的衛星持股，才可以加快累積資產的速度。

差別❹ 樂活vs研究

我已經從職場退休，投資重點變成要「有錢有閒」，不會花費太多精神研究衛星持股，而是以安穩領息的核心持股為主，想要樂活過人生。但是對於年輕、資本少、離退休還很遠的投資人，仍然需要勤奮地研究股票，藉由衛星持股來爭取更高的報酬。

差別❺ 金錢vs時間

年紀較大的投資人，特點是「用錢換時間」，領取穩定的股利現金流，不必花時間研究股票，而是把時間用來享受人生；但是年紀較輕、資本不足的投資人，就要「用時間換錢」，也就是要花時間做功課，挖掘潛力股。

存股vs賺價差 資金比例該怎麼分？

投資股票，由於每個人的年齡、工作、收入、家庭狀況……都不一樣，沒有一套固定標準可以套用在所有人身上。有一次我到台大演講，有同學問：「老師，我可不可以全部都買小型成長股，追求更高的報酬率？」我問他今年幾歲，他回答 21 歲，足足比我年輕 30 歲。我跟他說：「年輕是你最大的本錢」，然後我給他 2 個選擇。

選擇1 勇敢去闖

年輕人資金不多，就算破產了，也不會有太大的損失，卻可以從中學習到寶貴的經驗，所以趁著年輕時有精力，認真研究小型成長股，說不定可以更快速地累積財富。

選擇2 穩穩操作

想要從小型成長股獲利，多少需要靠一點運氣，不可能只賺不賠，甚至可能看錯一次，財產就迅速歸零，年輕人最大的本錢就是時間，可以讓資產慢慢地穩定變大。假設在 25 歲時投入 100 萬元，年平均報酬率 10%，50 歲時會累積到 1,083 萬元、60 歲時是 2,810 萬元，足夠當退休基金了。

上面說的投資方式，是考量自己的年紀跟企圖心，採取不一樣的投資策略。接著來談一下比例問題，核心持股究竟要占多少趴才算合理？一般建議是參考自己的年紀，假設只有30歲，那麼可以積極一點，也就是核心持股只要占30%，有70%的空間可以投資衛星持股；但如果是70歲，就要以保守穩定為主，70%資金放在核心持股，而且隨著年紀越大，核心持股的比例也要越高。

上述的比例調配，仍是「僅供參考」，畢竟每個人的工作、資金、生活費、對風險的忍耐力……都不同。如果你的工作很穩定，能夠承受比較大的風險，可以考慮調高衛星持股的比例；如果資金雄厚，只要穩穩地投資、光靠股利就可以吃穿不愁，當然可以把資金都放在核心持股；但是如果是資金少的投資人，或許就要採取不同的投資策略了。

以我自己而言，20幾年下來，我已經累積了足夠的資金，隨著年紀越來越大，想要樂活，不想再花太多時間在研究股票上面，所以我的投資一定是以穩定的核心持股為主，至於活蹦亂跳的衛星持股，當機會到來時，還是會買一些當作消遣，順便賺一點零用錢。

第5章 存300張股票 打造完整布局策略

第5章

存300張股票 打造完整布局策略

很多人誤以為我只買金融股，事實上我手上部位電子股遠大於金融股，存夠電子股之後，為了分散投資，這幾年我集中火力努力增加金融股張數，在《每年多存 300 張股票》書中我詳細介紹了存金融股的方法，這裡來分享我對民生必需股的看法。

$ 「缺不得」魅力 讓你每天掏錢消費

根據 2017 年 5 月的媒體統計，台灣上市櫃公司將發放高達 1.27 兆元現金股利，以台股當時的市值來計算，現金殖利率達到 4.41%，遠高過定存利率，來看看配發現金最多的公司有哪些？

2017年現金股利總額前16強

公司	代號	現金股利（元）	股利總額（億元）	公司	代號	現金股利（元）	股利總額（億元）
台積電	2330	7	1,815.13	富邦金	2881	2	204.67
鴻海	2317	4.5	779.79	中信金	2891	1	194.7
台塑化	6505	6	571.56	兆豐金	2886	1.42	193.12
中華電	2412	4.94	383.37	台灣大	3045	5.6	152.44
南亞	1303	4.5	356.89	聯發科	2454	9.5	150.25
台化	1326	5.6	328.23	第一金	2892	1.2	143.72
台塑	1301	4.6	292.82	廣達	2382	3.5	135.19
國泰金	2882	2	251.26	華碩	2357	17	126.28

從上表可發現，這些都是台灣首屈一指、大家耳熟能詳的好公司，像是電子科技業的台積電、鴻海、聯發科、廣達、華碩，我們使用的電腦、平板、手機……都是這些公司生產出來的；還有國泰金、富邦金、中信金、第一金、兆豐金……等金控，我們可以將薪水和獎金存進去領利息，也可以去申請貸款來買車、買房、買股票，還可以買保險來擁有人生的保障。

另外，如果沒有中華電和台灣大，大家就要回到沒有網路使用的時代，而日常生活中，到處都可以看見塑膠與石油的製品，沒有台塑、南亞和台化，我們就沒有保特瓶可以喝飲料。

上述公司的業務，都跟我們日常生活緊密相關，所以他們才可以賺進這麼多錢，因為我們時時刻刻都離不開這些公司的產品。

當你在搭捷運滑手機時，科技公司、電信公司已經悄悄賺到你的錢；當你的薪水存進銀行、繳保費給壽險公司時，金控已經把這些錢拿去投資賺利差；當你為機車加油、搭乘公車、用保特瓶喝飲料、穿化學纖維的衣服時……化工大廠們就一直在感謝你的消費。所以，所謂的「好公司」就是我們已經脫離不了他們的產品，他們無時無刻都從我們的食、衣、住、行、育樂中賺錢。

一般人可能會仇富，或抱怨這些大公司一直在賺我們的錢，但是有錢人想得不一樣，很清楚要善用這些好公司來幫自己賺錢。如下頁表所示，看看 2017 年的現金股利大戶，除了上述科技、金融、塑化等大公司之外，還有專門生產輪胎的正新（2105），馬路上到處都是輪胎的影子，而且輪胎磨損了就要換，難怪正新輪胎的羅氏家族，每年可以領到數十億元現金股利。

2017現金股利大戶			單位：億元
公司	代號	大股東	領取現金股利
鴻海	2317	郭台銘	72.98
廣達	2382	林百里	14.6
富邦金	2881	蔡明興	11.7
富邦金	2881	蔡明忠	11.5
正新	2105	羅明和	11.1
台積電	2330	張忠謀	8.8
正新	2105	羅才仁	8.5
台達電	2308	鄭崇華	7.4
台化	1326	王文淵	7.2
正新	2105	羅結	6.7

這些現金股利大戶，不少人 1 年可領到 10 億元以上的現金股利，10 億元是怎樣的概念呢？一般上班族如果可以賺取 100 萬元年薪，已經算是中高收入了，假設 1 年可以存下 50 萬元，必須上班 2,000 年才可以存到 10 億元，只要跟耶穌一同出生再工作到現在就可以了！

$ 不受景氣影響 7個心法賺別人口袋的錢

臨淵羨魚，不如退而結網。既然這些民生必需股的大股東，每年可以領到這麼多股利，我也想要分一杯羹，不過我以往的投資經驗，大都集中在電子和金融類股，如今要跨行投資民生必需股，就要「站在巨人的肩膀上」，借助別人的經驗，算利教官楊禮軒可以說是箇中翹楚，他曾經跟我討論過 70 元的日友（8341）、19 元的聯超（4752）、200 元的裕日車（2227）……讓我頗為難忘。

楊教官專注投資在不受景氣循環影響的民生必需類股上面，他持有電信、瓦斯、垃圾清運、第 4 台寬頻、保全、發電廠、鐵路運輸……等公司的股票，我們每天要上網、看電視、洗澡、倒垃圾、用電、搭高鐵出差……楊教官都順便賺到錢，而且我們根本避免不了！既然避免不了，何不加入楊教官，一起來賺錢呢？來看看楊教官挑選股票的 7 大心法。

心法1 關鍵指標→近 10 年平均現金股利殖利率高於 5%

以全國電（6281）為例，2022 年配發 5 元現金股利，如果在 85 元買進，殖利率就是 5.88%（5 元 ÷85 元），買進

100 萬元的全國電股票，2022 年可以領到 5.88 萬元現金股利，2022 年 5 月時郵局定存利率為 1.07%，還不到全國電股利的五分之一，把錢放銀行定存，不如買進全國電。

如果一家公司最近 10 年平均現金股利殖利率高於 5%（例如全國電），就是值得投資的好公司。

心法❷ 獲利能力→賺得穩比賺得多重要

如果公司今年很賺錢，但是明年卻是未知、甚至可能賠錢，請問這種公司的股票值得長期投資嗎？投資股票之前，要先觀察下面幾個指標：

❶連續 5 年 EPS（每股盈餘）成長：公司能夠穩健獲利，才有能力安穩地配發股利。

❷毛利率高於 20%：如果一家公司的毛利率比同業高，表示產品有較高競爭力，也較能應付不景氣或同業的殺價競爭。

❸本業是否賺錢：要避開不務正業、靠業外賺錢的公司，如果業外收入不穩定，本業又虧損連連，這種公司就不值得投資。

❹近 10 年獲利穩定：一般來說，一個大的景氣循環約 8 ～ 10 年，能夠 10 年都穩定獲利，表示公司在不景氣時一樣可

以賺到錢，也就是競爭力強大的好公司。

❺業外投資是否穩健：一家公司最重要的還是本業，若業外收入也很穩定（例如股利、利息、租金等），則具有加分效果。

❻營收必須穩健，不能大起大落：營收穩健的公司，才值得投資，以前台灣的 DRAM 產業，營收起伏極大，往往是「3 年不開張，開張吃 3 年」，結果 DRAM 產業變成了「慘業」，相關的公司像是茂德已經結束營業，力晶也股票下市，投資人幾乎血本無歸。

心法3 股利政策→要穩定且持續發放

觀察近 5 年股利發放情形，最理想的狀況是穩定且持續成長，例如台積電，如果股利波動太大，一下高一下低，甚至發不出來，就不值得長期投資。

心法4 公司護城河→具壟斷或龍頭地位

擁有壟斷利基的公司，像是電信三雄的中華電（2412）、台灣大、遠傳（4904），或統一超（2912）、大台北（9908）等，大家都會持續消費，完全無法避免被他們賺到錢。如果沒有台積電、鴻海這些龍頭公司，不僅蘋果手機無法順利製造出來，未來的自動車、機器人、自動化工廠也很難順利發展。這類擁有壟斷利基、技術領先的龍頭公司，才是投資的首選。

心法5 資金配置→以民生消費為持股核心

楊教官的投資配置，是以不受景氣循環影響的民生必需類股為主，約占 60%，因為一般人就算再窮也要打電話，也要使用網路，也要洗澡、煮飯、用瓦斯……投資民生消費型的股票，就可以穩穩地、長長久久地賺。

心法6 進場價位→現金股利 20 倍以下買進

當股價來到現金股利的 20 倍，此時現金股利殖利率就是 5%，是長期投資的合理價；當股價是現金股利的 15 倍，是一定要買的便宜價；當股價是現金股利的 10 倍，就算跟銀行借錢也要買。不過要在這裡提醒一下，唯有獲利穩定的好公司，才可以用這樣的方式來估算股價。

心法7 伺機加碼→理性投資人才撿得到便宜貨

當百貨公司 3 折大拍賣時，很多人拼命去搶購，但是當股市跳樓大拍賣時，為何會恐慌地殺股票？市場永遠存在不確定因素，也永遠存在不理性的投資人，因此當股災降臨、好股票落難之際，是危機？還是好時機？

2011 年 3 月 11 日，日本發生大地震，投資人擔心來自日本的汽車零件會短缺，和泰車（2207）股價最低跌到 80.9 元。請問你，地震會長期持續下去嗎？還是只有短期的影響？地震過後，和泰車的股價開始從谷底反彈，2013 年起股價站上 300 元，就再也沒有下來了，大家會不會後悔當初不敢買？後悔當時買太少？當好公司遇上倒楣事，一定要勇敢買進，順便多買一點。

以上介紹的就是楊教官的 7 大選股心法，非常適合當作民生必需股的選股標準，詳細內容請參考楊教官的大作《算利教官教你存股利滾利 年年領百萬》。民生必需股的優點，就是不受景氣循環影響，可以安穩領股利，享受高殖利率，因此下面要繼續討論一下，如何使用殖利率來投資股票。

$ 殖利率有妙用 可解決買賣時機問題

每股盈餘（EPS）是公司賺進的錢，必須分配下來，才會進到股票投資人的口袋，投資人才能用股利持續買進好公司股票，例如 2016 年台積電的 EPS 為 12.89 元，2017 年配發 7 元現金股利，股利多寡跟殖利率高低，通常是投資人最關心的議題。

殖利率＝股利 ÷ 股價

從殖利率計算公式可以看出，殖利率同時考慮了「股利」跟「股價」兩個因素，因此會比較客觀。例如 A 股票在股價 60 元時，配發 3 元現金股利，現金股利殖利率為 5%；而在股價 100 元時是配發 5 元現金，殖利率一樣為 5%，所以 A 股票在股價 100 元時，其實跟 60 元時一樣便宜，因此你不用在 100 元時癡癡地想要等到 60 元再來買，恐怕會等不到。

以下用第一金（2892）當例子，說明一下殖利率的計算方式。2016 年第一金的 EPS 為 1.45 元，在 2017 年配發 1.2 元現金及 0.2 元股票股利，總共配發 1.4 元股利，假設在除權息前用 20 元買進，殖利率計算方式說明如下：

算法1 只看現金股利

有些投資專家認為股票股利如果沒有填權，反而會稀釋

EPS，因此只計算現金股利，現金股利殖利率＝現金股利 ÷ 股價＝ 1.2÷20 ＝ 6%。

算法2 加計股票股利

把股票股利當成現金一樣來計算，殖利率＝股利 ÷ 股價＝ 1.4÷20 ＝ 7%。

算法3 填權息

0.2 元股票股利就是每張股票配發 20 股，如果填權就是賺進 2%，因此殖利率為 2% ＋ 6% ＝ 8%。

上面 3 種方法中，第 1 種方法是完全忽略股票股利（悲觀），第 3 種則是假設會填權（樂觀），各走極端，因此我比較喜歡採用中庸的第 2 種方法。那麼，如何利用殖利率來計算買進和賣出的價位？以下用台灣大（3045）當例子，先來看看台灣大 2013 ～ 2017 年股價及股利表現。

❶統計 5 年：台灣大的股利及股價，每年都會有不同變化，因此為了客觀起見，我習慣取 5 年的平均值計算，如下頁表所示。

台灣大（3045）股利表現							
年度	股利（元）	股價（元）			殖利率（%）		
		最高	最低	平均	最低	最高	平均
2013	5.5	121.5	87.2	104	4.53	6.31	5.29
2014	5.6	104.5	85	94.8	5.36	6.59	5.91
2015	5.6	113	95	104	4.96	5.89	5.38
2016	5.6	116.5	96.4	108	4.81	5.81	5.19
2017	5.6	116.5	102	110	4.81	5.49	5.09
平均	5.58	114.4	93.12	104.16	4.89	6.02	5.37

❷預估 EPS：想要知道明年會配發多少股利，首先就要預測今年可以賺多少 EPS。以 2017 年 8 月為例，公司只公告了前 2 季的 EPS，因此往前取 2016 年第 3、第 4 季的 EPS，也就是最近 4 季 EPS 來計算。

台灣大EPS預估 單位：元					
年度	2016		2017		總計
	Q3	Q4	Q1	Q2	
EPS（元）	1.46	1.27	1.46	1.4	5.59

❸盈餘分配率：假設 A 公司去年 EPS 為 10 元，配發 6 元股利，盈餘分配率＝股利 ÷EPS ＝ 6÷10 ＝ 60%。上表中已經算出台灣大的預估 EPS 為 5.59 元，接著要預估 2017 年的

盈餘分配率。

預估盈餘分配率一樣採用過去 5 年的平均值，計算出來的盈餘分配率平均值為 99.08%，因此可以預估 2018 年會配發 5.59 元 ×99.08% ＝ 5.54 元股利。

台灣大盈餘分配率

盈餘年度	2012	2013	2014	2015	2016	平均
盈餘分配率（%）	101	96.7	101	97.2	99.5	99.08

資料來源：CMoney

還記得殖利率的計算公式嗎？殖利率＝股利 ÷ 股價，反推回來，股價＝股利 ÷ 殖利率，用上述計算的數字，可以預估台灣大的昂貴價、持有價和買進價：

昂貴價＝股利 ÷ 最低平均殖利率＝ 5.54 元 ÷4.89% ＝ 113.3 元
持有價＝股利 ÷ 平均殖利率＝ 5.54 元 ÷5.37% ＝ 103.2 元
買進價＝股利 ÷ 最高平均殖利率＝ 5.54 元 ÷6.02% ＝ 92 元

殖利率的使用要點，就是在高殖利率時買進，然後在低殖利率時賣出。依照上面的計算，當台灣大股價跌到 92 元時，殖利率已經達到 5 年平均高點，是買進的好時機；但是當股價上漲到 113.3 元時，殖利率下降到歷史低點，則是可以考慮賣出了。

依照我個人的操作習慣，當股價跌到 103.2 元的持有價時，我會開始慢慢買進，如果股價持續下挫，就用三角形買法繼續加碼。最後依然要在這邊寫一下警語，使用殖利率來預估股票買賣點，先決要件必須是「獲利穩定」的好公司，獲利起伏很大的公司，就不適用。

學會了楊教官的選股 7 大心法，以及使用殖利率來買賣股票，可是台股上市櫃加起來有 1,700 多檔股票，投資人有那麼多時間逐一研究嗎？其實還是要善用「站在巨人的肩膀上」這個技巧，市面上有很多經由專家選股過的 ETF，我們再從裡面挑出好公司即可，以下用元大台灣 50（0050）這支指數型 ETF 來說明。

$ 利用 ETF 成分股 快速縮小選股範圍

0050 成分股包含台灣「市值」最大的 50 家公司，而且會持續淘汰壞公司、納入好公司，長期投資可以賺進股利與價差，從成立至今平均年報酬率約 8%。

我在《每年多存 300 張股票》書中，詳細說明了報酬率的計算，以及利用 KD、MACD、三角形買法等方式來賺價差，就不在這裡贅述了。

來看一下 0050 的成分股（見下頁表），0050 設定跟大盤連動，因此成分股的比例是依公司市值分配。採用市值分配有一個問題，台灣有幾家「怪獸級」的公司，例如台積電（2330）占了 0050 成分股 45.33%、鴻海（2317）占 4.39%，兩家公司合起來就占了 49.72%。也就是說，儘管 0050 是分散到 50 家公司，但其他 48 家公司的占比只從 4.34% 到 0.13%，只能算是「跑龍套」性質，也就是「為了分散而分散」。

所以我放棄存 0050，選擇從這 50 家成分股中，挑出我認為比較有成長潛力，或是股利殖利率較高的公司，打造我自己的投資組合。

元大台灣50（0050）成分股					
股票代號	股票名稱	商品權重（%）	股票代號	股票名稱	商品權重（%）
2330	台積電	45.33	1101	台泥	0.87
2317	鴻海	4.39	2880	華南金	0.81
2454	聯發科	4.34	2382	廣達	0.8
2303	聯電	1.99	3034	聯詠	0.8
2881	富邦金	1.85	2609	陽明	0.76
2891	中信金	1.85	2887	台新金	0.74
2308	台達電	1.84	2379	瑞昱	0.68
2882	國泰金	1.84	2327	國巨	0.66
1301	台塑	1.83	2207	和泰車	0.65
1303	南亞	1.73	2615	萬海	0.64
2412	中華電	1.67	3045	台灣大	0.61
2002	中鋼	1.57	3008	大立光	0.6
2886	兆豐金	1.57	6415	矽力-KY	0.59
2884	玉山金	1.45	5876	上海商銀	0.56
2603	長榮	1.42	2395	研華	0.55
3711	日月光投控	1.17	2409	友達	0.55
1216	統一	1.16	2912	統一超	0.55
5871	中租-KY	1.15	1590	亞德客-KY	0.46
2885	元大金	1.07	4904	遠傳	0.45
2883	開發金	1	6505	台塑化	0.44
2892	第一金	0.99	2801	彰銀	0.43
1326	台化	0.97	8046	南電	0.3
3037	欣興	0.97	9910	豐泰	0.3
5880	合庫金	0.97	2408	南亞科	0.19
2357	華碩	0.9	8454	富邦媒	0.13

資料日期：2022/05/04

下表統計了 2017 年，我的主要持股跟 0050 的報酬率比較，可以發現除了中信金（2891）之外都勝過 0050（註：第一金跟台新金的配股，與年初股價相比，都有填權）。初步看來，我的年報酬率超過 20%，稍微可以看見巴菲特爺爺的車尾燈了。

2017年持股報酬率統計 單位：元

名稱	代號	2017/1/3 股價	現金股利	股票股利	2017/9/14 股價	價差	獲利	報酬率
台積電	2330	183	7	0	218.5	35.50	42.50	23.2%
鴻海	2317	84.3	4.5	0	114.5	30.20	34.70	41.2%
中信金	2891	17.7	1	0	19.4	1.70	2.70	15.3%
第一金	2892	17.15	1.2	0.2	19.6	2.45	4.04	23.6%
台新金	2887	11.8	0.53	0.43	13.15	1.35	2.45	20.7%
台灣50	0050	71.9	2.4	0	82.35	10.45	12.85	17.9%

很多投資達人宣揚存 0050 的好處，不外乎是不用研究個股、獲利穩定，而且可以避開單一公司的風險，這些優點我都不否認，上表中 0050 的報酬率為 17.9%，似乎也還不錯，對不對？其實被數字稍微誤導了，來看看 0050 的配息狀況。

自 2016 年起，0050 改為半年配一次息，因此只在 2016 年 7 月 28 日配發 0.85 元，剩下的半年股利就挪到 2017 年

2016～2017年0050配息狀況			
除息日	2016/7/28	2017/2/8	2017/7/31
現金股利	0.85元	1.7元	0.7元

2 月 8 日一起發放，因此當時配發了比較多的 1.7 元。也就是說，2017 年總計 2.4 元配息，有一部分屬於 2016 年。

那麼 2017 年真實配息是多少呢？來將 2016 和 2017 年的股利平均一下好了，也就是（0.85 + 1.7 + 0.7）÷2 = 1.625 元，因此 2017 年 0050 的報酬率必須改為（10.45 元價差 +1.625 元股利）÷71.9 = 16.8%，也算不錯，但還是低於台積電和鴻海……其實 0050 不是一家公司，股價漲跌取決於成分股表現，特別是台積電和鴻海。

從上面說明可以看出，0050 採用 50 家公司的目的是分散風險，但是也把台積電和鴻海的報酬率分散掉了。投資人如果具備選股能力，我認為就不要存 0050 了，直接從 0050 裡面挑出好學生，建立自己的投資組合，報酬率會比較高。

上面只是拿 0050 來當案例說明，你一樣可以從兆豐 30（00690）、元大高股息（0056）、國泰台灣低波動 30（00701）、元大台灣高股息低波動（00713）這些 ETF 中，挑選出你看好的股票，來建立自己的投資組合。

分散投資 存300張股票的完整布局

殖利率可以當作選股參考指標，優先選擇殖利率較高的族群，可以領到更多股利，可惜近年來因為存股風氣日盛，民生必需股廣受投資人喜愛，競相買進因而推高股價，相對就壓低了殖利率。下表統計了民生必需、金融、電子這 3 個產業龍頭公司的殖利率，來看一下不同產業的特性。

❶**民生必需股**：特點是消費者會重複消費，商品的壽命週期也很長，不必跟電子產品一樣需要一直推陳出新，像是大台北的瓦斯業務，中保（9917）的保全業務，統一超的食品

3大產業龍頭公司殖利率比較 單位：%

年度	民生必需				金融		電子	
	大台北	中保	統一超	中華電	中信金	兆豐金	台積電	聯詠
2018	3.94	4.51	7.92	4.4	5.08	5.76	3.37	5.23
2019	3.69	4.58	2.92	4.06	4.77	5.81	4.78	4.75
2020	3.53	4.61	3.17	3.87	5.05	5.65	2.64	4.31
2021	3.29	5.26	3.29	3.82	4.66	4.89	1.76	3.22
2022	3.33	4.74	3.38	3.73	4.45	4.19	1.89	11.6

資料日期：2022/05/13

販售，幾乎不受景氣影響。

❷**金融股：**缺點是容易受到匯率與利率的影響，而且金融風暴一旦降臨，金融股會成為重災區，保守一點的投資人，建議以官股金控，例如第一金、兆豐金（2886）、華南金（2880）、合庫金（5880）為主要投資標的。

但是因為大家對金融股有疑慮，所以長期股價偏低，殖利率也就比較高，因此成為我最近幾年的投資重心。

❸**電子股：**特點是產業變化極大，投資人需要花很多時間研究，而且不能呆呆放著存股，過去很多電子股王都遭逢「千金變丫鬟」的下場，不可不慎。但是如果能夠了解產業特性，買到成長中的電子股，報酬率會非常驚人，例如台積電和鴻海。不過多數電子公司為了維持競爭力，每年需要投入不少資本支出進行研發、擴充產能，因此配發的股利比較少，相對殖利率也比較低。

我想大家都聽過：「不要把雞蛋放在同一個籃子」這句話吧！ 2011 年的宏達電（2498）賺進 7.3 個股本，股價衝到 1,300 元歷史高點，真的是台灣之光，但是如果當時把所有資金都押在宏達電，下場如何大家都很清楚！

長期投資的要訣就是「穩穩地走，真的比較快」，為了走得穩，就必須做好投資的分散。

方法1 產業分散

如果是分散在中信金、第一金、富邦金、國泰金……等金融股上面，一旦金融海嘯再臨，還是會統統中箭落馬，因此，「產業」的分散才是重點。

方法2 資金分散

已經分散在民生必需、金融、電子等產業，也要做好資金的分散，例如每個產業各占 33%，若是過度集中在單一產業，例如電子股占 80%，金融和民生類股只有各占 10%，儘管在電子股大多頭時會大豐收，一旦看錯公司也會讓你生不如死。

方法3 全球分散

2013 年台灣開徵證所稅，緊接著又是一連串的健保補充費、稅額扣抵減半、富人稅等政策，導致台股成交量低迷，投資人可能領了股利後，股價賠錢還是要繳稅，讓人抱怨連連。反觀同一期間，美國股市牛氣沖天，道瓊工業指數衝破 2 萬點，2017 年 6 月 MSCI 宣布將中國 A 股納入新興市場指數，中國這頭慢牛也開始蠢蠢欲動。

反觀台灣，還陷在缺水缺電、兩岸關係緊張的泥沼之中，現在是全球化的時代，為何不拿出一點資金，投資中國、美國這兩個全球最大的市場呢？

講完了分散投資的策略之後，該如何執行？以下拿我自己的經驗給大家參考。

方法1 高成長小型股 加快存股速度

1994 年我進入職場，有了工作收入也開始投資股票，當時是電子股的大多頭時代，因此我的投資是以電子股為主。我在 1995 年買進台積電並持有到現在，當時的台積電是成長中的小公司，需要資金來持續研發並擴充產能，所以特點就是發放「股票股利」。

1995 ～ 1998 年是台積電配發股票股利的黃金時期，如果在 1995 年持有 10 張台積電，持續配股到 1998 年會成長為 70.47 張，成果非常驚人。由於我一開始選擇投資高成長的電子產業，加快了累積資產的速度，儘管我當了 5 年的低薪流浪教師，又要養 3 個小孩，但在 14 年後的 2008 年，我還是累積到了千萬的股票資產。

買成長中的台積電 配股讓張數快速成長				
年度	1995	1996	1997	1998
股票股利（元）	8	8	5	4.5
除權前張數	10	18	32.4	48.6
除權後張數	18	32.4	48.6	70.47

年輕人確實可以先專注投資「高成長」的小型股，用少少的資金來快速累積財富。但是說實話，高成長公司的變化速度也非常快，20多年來我看盡了電子產業的興衰，華邦電（2344）、聯電（2303）的股價曾經在百元之上，現在卻是腰斬、腰斬、再腰斬。

投資電子股需要花很多的時間研究，而且更需要「運氣」，有很大的不確定因素，但是因為經歷過電子股「配股」的黃金歲月，讓我對「股票股利」情有獨鍾。

方法2 高股息金融股 股利收入再投資

以往我將超過80%的資金集中在台積電、鴻海、華碩、聯詠、新普等電子股，讓我大豐收，但是2008年一場金融海嘯，我看著鴻海股價從300元崩跌到52.6元，聯詠從191.5元跌到23.5元，心生恐懼之下，開始把資產分散到金融股。

那麼要賣掉電子股來買進金融股嗎？由於我相信自己當時

持有的電子股，都是獲利穩定的龍頭公司，因此採取「用電子股股利買進金融股」的策略。為何是買進金融股，而非民生必需股呢？還記得我前面說過我喜歡「股票股利」吧！我在金融海嘯時買進中信金，運氣很好地最近幾年的配股配息都還不錯，讓我順利累積到 400 張中信金。

這些年來，我靠著股利、薪水持續買進金融股，目前持有的中信金、台新金、元大金和第一金，已經將近 1,000 張，當然也就領到不錯的股利，可以讓我持續買進好股票。

方法3 降低稅負 用 ETF 取代民生股

在我的投資版圖中，已經規畫好電子和金融這 2 大區塊，那麼要繼續投資民生必需股嗎？來看看我的布局策略：

❶**電子賺價差**：目前電子股占我投資組合的比重超過 50%，持有最多的是台積電和聯詠。看看下頁的統計資料表，2020 年與 2021 年分別賺到了不少的股利跟價差。

台積電的現金股利殖利率不高，約在 2% 左右，現金股利少或許是缺點，但是賺進的價差可以彌補股利的不足。不妨換個角度來思考，股利較少就可以少繳一點所得稅跟健保補充保費，賺到的價差又不用繳稅，應該比領到很多股利（要繳

台積電、聯詠股價與股利 單位：元				
股價年度	台積電（2330）		聯詠（3034）	
	年均股價	現金股利	年均股價	現金股利
2020	379	10	244	10.5
2021	598	10.5	485	15.6

很多所得稅），還要來得划算吧！

❷金融賺股利：儘管電子股可以賺價差、不用繳稅，但是如果不賣掉的話也看不到錢，例如存了 100 張台積電，儘管總價值為 2,180 萬元，但 2017 年只能領到 70 萬元現金股利，一點也不迷人，所以我會另外存股利較多的金融股，一樣的 2,180 萬元，可以在 20 元時買進 1,090 張第一金，在 2017 年可以領到 130.8 萬元現金股利，比台積電多出 60.8 萬元，可以拿來多買很多的績優股票。

可是，股利多不就要繳更多所得稅？理論上是如此，但是金融股還有「股票股利」這個利器。以 2016 年為例，我領到了 26 張中信金股票，因為股票股利是用面額 10 元來課稅，政府在課稅時認定的所得是 26 萬元，但是 26 張股票市值用 2017 年 9 月 19 日股價計算是 50.6 萬元，所以有 50.6 萬－26 萬＝ 24.6 萬元的所得不用繳稅，所以仍然有節稅的效果。

❸節稅：按照原先計畫，我會繼續拿電子跟金融股的股利，買進民生必需股，如此一來我的投資布局就算完整了，但是，「萬萬稅」讓我產生了不同的思考。本來存股票的目的就是創造股利現金流，當我的股票越存越多，「股利要繳很多稅」的副作用也越來越嚴重，那麼我要持續存民生必需股，然後繳很多稅嗎？

從前面的說明可以看出我利用電子賺價差、金融股的股票股利來節稅。但是民生必需股，例如中華電、統一超、大台北等股票，一來價差空間沒有電子股來得大，二來也沒有股票股利可以節稅，再來就是股市上萬點，很多股票都很貴，相對的殖利率就不迷人。

因此，站在「節稅」的角度我會放棄存民生必需股，而是選擇可以同時賺進「價差」和「股利」的股票，例如0050，特點是現金股利不多（繳稅少），但是可以賺進價差的成長（價差不用繳稅）；再來就是0056，就算是放著存股，現金股利殖利率也不輸給民生必需股，但是積極賺價差，一樣可以增加報酬。

所以，我會用0050和0056取代民生必需股，而且還可以避免單一股票的風險，萬一將來大盤從萬點往下反轉，持有 ETF 也比較睡得著覺。

$ 股子股孫自動生產 進一步布局全世界

2017 年夏天，台灣最熱門的議題是缺電、限電，缺水或缺電會降低企業投資意願，影響經濟發展。再來就是少子化的困境一直無解，未來領取社會福利的銀髮族會越來越多，工作賺錢的年輕人卻越來越少，台灣會重蹈日本經濟「失落 20 年」的覆轍嗎？

儘管未來的局勢很難預測，但是我們可以跟隨大企業家的腳步，學習他們的視野。2017 年，鴻海董事長郭台銘宣布將在美國設廠，投資 100 億美元，郭董已經用行動告訴我們要「走出去」。

美國跟中國是全球最大的兩個市場，美國的微軟、蘋果、可口可樂等無疑是全球最賺錢的企業；中國經濟也是年年穩定成長，MSCI 在 2017 年宣布將中國 A 股納入 MSCI 新興市場指數。中國和印度人口總和超過 27 億，消費市場龐大無比，印度還有年輕人口眾多的「人口紅利」優勢。

台灣只有 2,300 萬人，而且持續老化中，身為投資人的我們要開始未雨綢繆，學習郭董「走出去」布局全球，現在網路交易發達，台灣券商也提供複委託的業務，「錢進全世界」不再是難事。

如果看好陸股納入 MSCI 的後續效應，可以買進相關的陸股 ETF（例如 006205、006207、00703 等）；如果你是 iPhone 愛用者，可以買進蘋果公司的股票（美股代號：AAPL），當然你更可以買進股神的波克夏公司（美股代號：BRK.A、BRK.B），讓股神親自操刀幫你賺錢；如果你看好印度人口紅利，可以買進 iShares MSCI 印度 ETF（美股代號：INDA）。

地球村的時代早已到來，投資全世界才可以避免台灣單一地區的風險。我並非看壞台灣，其實台灣企業獲利能力十分優異，過去 50 年平均股票殖利率達 3.25%，排名全球第一，2017 年的殖利率還達到 4.41%，況且我的持股成本很低，殖利率只會更高。

我會繼續持有台灣股票，將台股當成一個聚寶盆，從 2018

年起我打算將每年領到的股利，用來投資中國和美國股市。因為我看好陸股加入 MSCI 後的長期效應，並且覺得美國股市已經在歷史高點，所以我會先用股利持續買進大陸股市的 ETF；等到幾年後我完成了陸股的布局，假設美國股市也回檔修正，我就會繼續拿台灣和陸股的股利來布局美股。

我的投資哲學就是「一個拉一個」，例如我先耕耘電子股，然後用電子股的股利來拉拔金融股。如果你是投資新手，或對民生必需股情有獨鍾，當然也可以先從民生股開始，然後繼續「一個拉一個」，請記住，我講的只是觀念，沒有絕對的對錯。

最後要講的就是，「分散」不要只侷限於公司、產業、地區，也要專注在「投資能力」的分散。我常常覺得自己要上班、又要寫書，還有家庭、小孩的煩惱，所以沒有很認真在研究股票，其實就是懶。然後已經年過半百，想要對自己好一點，想要買望遠鏡上山看星星，想要在學校工廠做遙控飛機跟坦克車，想要到處遊山玩水……就是不想要研究股票。

如果研究能力不足、跟我一樣懶、對海外企業不了解，或是想要把時間用來享受人生，那麼就「站在巨人的肩膀上」

吧！例如買進波克夏的股票，就會有股神巴菲特與一群的專業經理人來幫我投資，我不需要再花時間精力來研究海外企業，也不用浪費資金在錯誤中學習，巴菲特彌補了我投資能力不足的缺點，而且巴爺爺又比我用功。

什麼是「投資」？就是善用專家的知識，善用企業的獲利能力，讓我可以輕鬆地賺錢；我不需要成為巴菲特，更不需要成為張忠謀或郭台銘，我請他們幫我工作，讓我樂活。對我來說，「活得很快樂」就是「投資」。

沒有不賠錢的股票
卻有不賠錢的策略

第6章

沒有不賠錢的股票 卻有不賠錢的策略

英國暢銷書作者雷索爾（Lee Freeman-Shor）在《股票的買賣藝術：看錯方向還能獲利！抓對買賣時間點的秘訣》書中分享，在一項2006～2013年長達7年多的研究中，分析45位經理人、超過3萬筆的交易記錄，發現這些經理人所推薦的個股，只有49%的機率會獲利。

這些學有專精、訓練有素的專業經理人，推薦個股的勝率，都比丟銅板正反面出現的機率（50%）還低，更何況是我們一般投資人？

每個人都會看錯股票，或是在錯誤的時間買進，但重點是要找到適合自己的投資方式，然後保持紀律，才能在看錯時減少損失、反敗為勝；並且在看對時，獲得最大的利潤。

$ 輸家賺小錢賠大錢 贏家耐心等待致勝點

雷索爾書中描述了 2 種輸家，以及 3 種贏家的習慣，先來看看輸家和贏家有哪些習慣。

輸家1 兔子：只會坐以待斃

兔子在車頭燈的照射下，會一動也不動地任人宰割，這點很符合某些投資人：當股票持續下跌時，不斷說服自己這支股票仍然具有潛力，不敢有任何動作。

但其實主要的原因是，這些人沒有對股票進行深入研究，只是道聽塗說就買進，所以不知道該認賠停損減少損失，或是逢低加碼增加報酬！誠心奉勸投資人，千萬不要靠著打聽「明牌」買股票，因為一旦下跌，你會不知道如何處理，只能站在那裡等死。

輸家2 奇襲兵：賺小賠多

特點是來得急、去得快，賺到小錢之後就急著獲利了結，只要持有股票稍微久一點，就會感到不耐煩，害怕流於紙上富貴。請你仔細想一想，頻繁換掉賺錢的股票，下一檔真的會比較好嗎？

結果是：遲早會買到下跌的股票，而且只要看錯幾支股票，就會讓之前小賺的錢通通都賠光光，除此之外，頻繁地短打交易（例如當沖），還會有手續費與交易稅的成本，恐怕只會越做賠越多。

贏家1 殺手：果決斷尾求生

電影《127小時》描述一位登山家，因為右手掌被巨石壓住而動彈不得，經過127個小時求救無門之後，狠心切下右手掌逃生的故事，如果登山家狠不下心自斷手掌，現在已經成為一堆枯骨了；投資股票，買錯、看錯行情在所難免，一定要曉得後續如何處理。

具有殺手特質的投資人，一旦看錯就毫不留情地砍掉，保存資本才能夠東山再起。但是請注意，殺手也不是亂砍一通，不然會血流不止、遲早陣亡。買進之前就要擬定詳細的計畫，例如下跌多少就停損，或多少時間內沒上漲就出清，再來就是要分散持股，降低單一股票的風險。

贏家❷ 獵人：了解內在價值

善於追蹤獵物，等獵物越來越虛弱時隨時補上一箭，這類型投資人的特點是，能夠清楚判斷股票的價值，並且勇於危機入市。

❶了解內在價值：打獵最重要的是要了解獵物的特質，所以投資前要先研究股票的內在價值，才能在股價跳樓大拍賣時勇敢進場，不過一旦發現自己犯錯，要像殺手般毫不留情地殺出。

❷資金分配：好獵人不會在一開始就把箭射光，而是保留火力等待機會。投資股票當然希望在股價便宜時大幅買進，但還是無法避免挑錯進場時間，所以不要在股價剛開始下跌時，就把資金耗光，而是要堅守紀律，採用三角形買法逐步加碼，股價跌越多（獵物越衰弱），買進越多資金（射出更多的箭），獵物一定會手到擒來。

至於三角形買法的操作要點，請看《每年多存 300 張股票》一書，不在此占用篇幅說明。

贏家❸ 收藏家：耐心抱好股

奇襲兵的特點是，占到一點便宜就急著出脫，往後大漲也只能乾瞪眼。在股市中可以賺到大錢的投資人，通常不是最聰明的人，不然台大財經系的教授都住進帝寶豪宅了，反而是最有耐心，能夠發現股票價值並當成藝術品收藏的一群人。有耐心並能夠做好情緒管理，是成功的最主要因素。

❶有護城河的公司：選擇難以被取代的好公司，一旦買進後就長期持有。這類公司獲利穩定，且盈餘成長可以帶動股價上漲。

❷大量下注：一旦挑到好公司，就要大量買進，增加報酬。

❸忍受無聊：由於了解公司的內在價值，收藏家可以克制「停利」的賣股衝動，忍耐長期持有的無聊過程，用時間換取最大的報酬。

❹獲利了結：當賺到可觀的利潤，或是股票已經缺乏成長動能，可以選擇部分、或是全部獲利了結，然後繼續收藏其他「價值」遠大於「價格」的好股票。

$ 做好資金分配 才能執行贏家策略

說明了 5 種投資人的特質後，繼續用實際案例來說明。

2014年6月，一位朋友說他有一些現金，問我要如何投資股票？他本身還有房貸，所以我給他一個比較保守、但安穩的投資建議，就是把資金分成3份。

❶**生活保障**：預留約半年的生活費，當作應付意外事件的救命錢。

❷**投資股票**：建議他投入約190萬元資金，買進100張第一金（2892）股票，由於第一金屬於官股金控，幾乎不可能倒閉，而且經營良好，每年都穩定發放股利，長期投資風險極低，選股的邏輯就符合「收藏家」的特質——挑選有護城河的公司。

❸**加碼基金**：我勸他保留部分資金，做為逢低加碼的本金。股市中永遠會有不可預測的意外事件，大跌時有資金加碼，就可以發揮槓桿功效，用小資金創造更大的報酬，就像「獵人」一樣，要把箭保留到獵物最衰弱的時候。

這位朋友在2014年6月，用平均每股19元買進100張第一金，因為公司獲利較前一年成長，且該年度配發0.5元現金及0.7元股票股利，不到1個月股價衝高到20.9元，賺進10幾萬元價差，但是他沒有像「奇襲兵」一樣，賺到一點點甜頭就急著停利，而是持續抱緊股票。

2015 年 8 月因為人民幣重貶、中國經濟緊縮，加上當時美國聯準會升息時間不確定等多重因素，全球股市利空罩頂，8 月 24 日台股盤中大跌 500 多點，第一金股價也大幅滑落到 15 元。2016 年初，全球股災再現，第一金股價最低跌到 14.15 元，這時候要當「殺手」狠心砍掉賠錢的股票？還是要學習「獵人」的精神，勇於逆向操作？

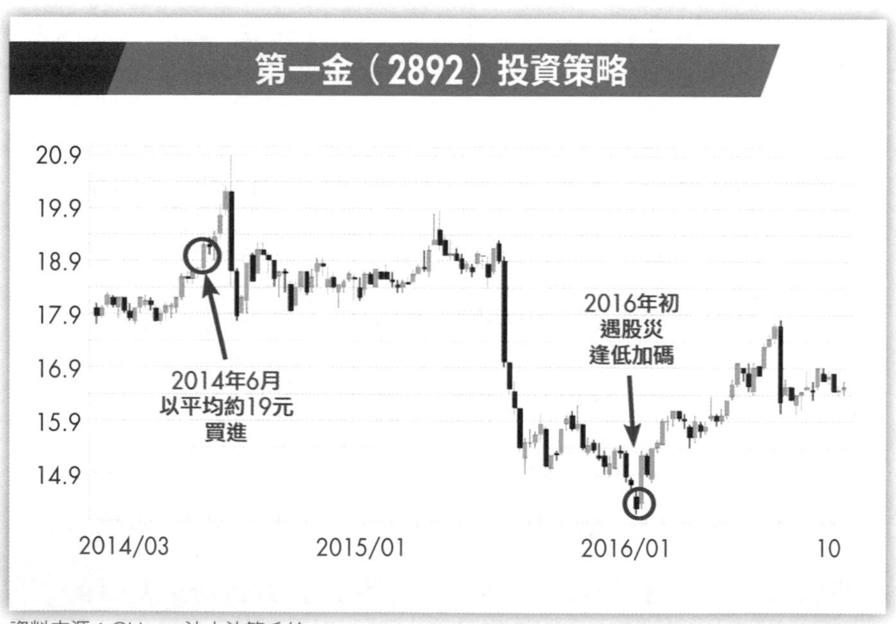

資料來源：CMoney法人決策系統

在停損股票之前，首先要評估股價大跌的因素，如果是公司體質變差，一定要壯士斷腕；但若是因為全球股災造成股價下跌，並非第一金的個別因素，且公司獲利依然穩健，自然是要當獵人來積極加碼了。

一開始我幫他擬定投資計畫時，已經請他先保留一部分的加碼資金，當股災降臨、股價重挫時，才有多餘的箭繼續射殺獵物。不過計畫歸計畫，重點還是能不能有紀律地執行，幸好他當時沒有像「兔子」般一動也不動，並了解到自己買進的是有護城河的好股票，所以能夠遵守紀律，當獵物衰弱（股價下跌）時，持續射出手中的箭（資金），獵殺了不少的獵物（股票）。

光陰似箭，一下子 3 年過去了，當初用每股 19 元買進的 100 張股票，除了持續配發現金股利，補充他打獵的弓箭之外，配發的股票股利也一直在免費送他股票，加上他有紀律地在股災時持續買進，2017 年初已經持有超過 200 張股票，股價也在 2017 年 8 月底時回到 19.5 元，不僅當初在 19 元買進的股票已經解套，也順便賺進了 3 年的股利。

該獲利了結了嗎？以 200 張第一金股票計算，2017 年配發

1.2 元現金股利，能領到 24 萬元現金；同時配發 0.2 元股票股利，還可以得到 4 張股票，以 2017 年 9 月 1 日股價 19.8 元計算，市價 7.92 萬元，總共領到的股利為 31.92 萬元。

第一金屬於官股金控，有很深的護城河，每年的獲利很穩定，因此我勸他改用「收藏家」的心態，好好收藏這個金飯碗，利用每年配發的股利，持續獵殺並收藏其他好股票。

多數投資人同時具備贏家和輸家 5 種人物的特質，有時候儘管挑對了股票，或是看對了行情，卻不一定能夠賺錢，例如像「兔子」一樣不曉得加碼，或是跟「奇襲兵」一樣，賺到一點點的甜頭就跑掉了；萬一看錯行情，也不一定會賠錢，「殺手」會勇於停損來保留實力，「獵人」則是會妥善分配資金、逢低加碼，然後當一個「收藏家」，持續領股利，靜待股價上漲，讓利潤極大化。

「獵人＋收藏家」無疑是最強的「贏家」特性組合，選錯股票其實不是重點，因為你一定會挑錯，重點在於股價下跌時，如何學習「獵人」的精神，評估股票的價值、擬定投資策略，堅守紀律執行以反敗為勝，然後轉換成為「收藏家」的心態，長期保有成功的果實。

獵人＋收藏家 是最強的投資組合

讓我們繼續以第一金為範例，來說明為何「獵人＋收藏家」是最強的投資組合。

既然我們一定會挑錯股票，或是買在錯誤的時間點，如果我們特意挑 2011 年初，當第一金股價位於最高的 27.55 元時買進 100 張，買進金額是 275.5 萬元，長期持有到 2017 年 8 月 31 日時股價是 19.5 元，每股帳面上的價差損失是 8.05 元（27.55 元－ 19.5 元），100 張股票就賠掉 80.5 萬元，真的是如此嗎？

別忘了第一金是一間擁有很深護城河的公司，而且每年都會配股配息，如果每年領到現金股利後持續買回股票（假設買在年均價），計算一下配股配息後的結果，如下頁表所示。

說明1 持有張數變多

官股金控的第一金自然有政府這個大靠山，但是最大的護城河還是本身的業績，每年獲利跟股利都很穩定，長期投資並堅持將現金股利買回股票，持有的張數就會越來越多，如下頁表統計，7 年下來持有張數會從 100 張成長到 183.21 張。

2011年以27.55元買進100張第一金（2892）長期投資								
年度	張數	現金股利（元）	配發現金（萬）	年均價（元）	現金股利買回張數	股票股利（元）	配發張數	除權息後張數
2011	100	0.3	3	22.7	1.32	0.6	6	107.32
2012	107.32	0.4	4.29	17.6	2.44	0.6	6.44	116.20
2013	116.20	0.45	5.23	18	2.91	0.65	7.55	126.66
2014	126.66	0.5	6.33	18.5	3.42	0.7	8.87	138.95
2015	138.95	0.7	9.73	18.4	5.29	0.65	9.03	153.26
2016	153.26	0.95	14.56	16.3	8.93	0.45	6.90	169.09
2017	169.09	1.2	20.29	18.9	10.74	0.2	3.38	183.21
總價值		357.3萬元（以2017年8月31日股價19.5元計算）						

說明2 降低成本

當初用27.55元買進100張，但是因為配股配息而成長到183.21張，持有成本變成（27.55元×100張）÷183.21張=15元，已經大幅降低了。持股成本越低，將來賠錢的機率就越低。

說明3 反敗為勝

持股總價值高達357.3萬元（183.21張×1.95萬元），超越當初買進的275.5萬元，獲利81.8萬元，報酬率為81.8萬÷275.5萬＝29.7%。儘管當初是買在相對高點，而且只是抱緊股票，並將現金股利持續買回，長期投資下來依然反敗為勝，配股配息成了最大的關鍵。

上面的投資方式，有點像兔子般一動也不動，既不停損也不加碼；但是卻又像收藏家一般，長期收藏好股票。兔子與收藏家的差別，在於了解股票價值的眼光，投資的過程中，要是能夠秉持獵人的精神，在好股票虛弱的時候多補上幾箭，不就可以大豐收了嗎？

$ 相信並付出行動 危機才能變轉機

如果是公司體質變差，就像是獵物生了重病，避之唯恐不及了，怎麼可能再逢低加碼？但是如果是因為長期乾旱，導致獵物缺水虛弱，就真的是多多益善了！所以，因為國際政經局勢的動盪，導致好公司股價大跌時，就是加碼的絕佳時機。

2011 年起發生了歐債危機，第一金的股價跟著往下跌到 16 元附近，如果在 2012 年初用 17 元持續加碼 100 張，來看一下成果。

2012年逢低加碼 以17元買進100張第一金(2892)								
年度	張數	現金股利(元)	配發現金(萬)	年均價(元)	現金股利買回張數	股票股利(元)	配發張數	除權息後張數
2012	100	0.4	4	17.6	2.27	0.6	6	108.27
2013	108.27	0.45	4.87	18	2.71	0.65	7.04	118.02
2014	118.02	0.5	5.90	18.5	3.19	0.7	8.26	129.47
2015	129.47	0.7	9.06	18.4	4.93	0.65	8.42	142.81
2016	142.81	0.95	13.57	16.3	8.32	0.45	6.43	157.56
2017	157.56	1.2	18.91	18.9	10	0.2	3.15	170.71
總價值	332.9萬元(以2017年8月31日股價19.5元計算)							

用 17 元的股價買進 100 張，成本是 170 萬元，長期投資到 2017 年會成長到 170.7 張，價值 332.9 萬元，此時的獲利為 162.9 萬元，報酬率高達 95.8%(162.9 萬 ÷170 萬)。果然，持續維持「獵人」的敏感度，趁好股票倒楣時多買一點，是增加報酬的最佳途徑。投資股票久了，就會發現國際政經局勢不會一直風平浪靜，而是每隔幾年就會刮一下強風、來一陣海嘯。

面對強風、海嘯時，就只能等死嗎？還是可以善用呢？ 2016 年開始的前 2 週，全球股市股災頻傳，美國 S&P 500 指數下跌 8.01%、德國 DAX 指數下跌 11.15%、日經 225 指數下跌 9.91%、上海綜合指數下跌 18.03%……第一金股價最低跌到 14.15 元，如果在 15 元時持續買進 100 張，結果又會如何呢？

2016年再度逢低加碼 以15元買進100張第一金（2892）								
年度	張數	現金股利（元）	配發現金（萬）	年均價（元）	現金股利買回張數	股票股利（元）	配發張數	除權息後張數
2016	100	0.95	9.50	16.3	5.83	0.45	4.50	110.33
2017	110.33	1.2	13.24	18.9	7	0.2	2.21	119.54
總價值	233.1萬元（以2017年8月31日股價19.5元計算）							

果然「危機就是轉機」，2016 年買進後，短短 1 年半的獲利為 83.1 萬元（233.1 萬－150 萬），報酬率是 55.4%（83.1 萬 ÷150 萬），將上述 3 次操作，統計於下表。

第一金（2892）累積3次買進後的績效			
買進年度	2011	2012	2016
買進張數	100	100	100
買進成本（萬）	275.5	170	150
2017年累積張數	183.21	170.71	119.54
2017年總值（萬）	357.3	332.9	233.1
獲利（萬）	81.8	162.9	83.1
報酬率（%）	29.7	95.8	55.4
總獲利：327.8萬元		總張數：473.46張	

❶**兔子：**如果採取兔子的心態，2011 年買進後就置之不理，幸好是買到好公司，長期持有 7 年下來，仍然可以獲利 81.8 萬元。

❷**獵人：**了解好公司的價值，並善於利用國際股災時加碼，連續 2 次加碼分別賺進 162.9 萬元及 83.1 萬元，大幅增加了報酬。

❸**收藏家：**總共賺進 327.8 萬元，要獲利了結嗎？獲利完要買哪一支股票？下一支會比較好嗎？別忘記了，專業經理人選錯股票的機率是 51%。如果改當收藏家，將股票鎖進保險箱，然後長期領股利呢？

2015 ～ 2017 年第一金分別配發 1.35 元、1.4 元、1.4 元股利，在 2017 年第 2 季的線上法說會，宣布將來會以現金股利為主軸。受到慶富案影響，假設 2018 年配發 1.2 元現金，持有 473.46 張就可以領到 56.8 萬元現金股利，平均每個月是 4.73 萬元，看來當收藏家也是不錯的。

「就算是專家，勝率也只有 49%」這句話我特別有感覺，2008 年我在 20 元以上的價位買進中信金（2891），接著馬上遭逢金融海嘯，股價一路溜滑梯到 7.9 元，真是無語問蒼天。當時我採用 PDCA 的投資策略：Plan（計畫）、Do（執行）、Check（檢討）、Action（行動），持續逢低加碼，最後累積了 300 張中信金，每年領取數十萬元股利，詳細過程參見《6 年存到 300 張股票》一書。

2015 年 7 月為了參加第一金的現增案，我跟銀行借了 80 萬元信貸，加上自費的 15 萬元買進 50 張（股價 19 元），結果只隔 1 個月就發生股災，而且蔓延到 2016 年初，第一金的股價也跌破 15 元。

我沒有能力預測股災，幸好還有能力判斷股票的價值。當時我利用歷史本益比，與 20% 的安全邊際，計算出來第一金的便宜價是 14.79 元，詳細計算過程請參考《每年多存 300 張股票》一書。回憶一下當時的氣氛，2016 股市開盤以來，居然連續跌了 3 個禮拜，市場瀰漫著悲觀與恐慌的氣氛。危機也是轉機，而且股價已經低於我計算出來的便宜價，實在是加碼的大好時機。

有關注我粉絲團的朋友，應該記得那一陣子我天天吃牛排，並把照片分享到粉絲團，其實就是在暗示大家要開心樂觀，因為絕佳的買股時機已經到來，事後有不少網友跟我分享，在當時和我一樣撿了不少 14 塊多的第一金，都賺得飽飽的。

$ 堅守能力圈 只投資自己看得懂的股票

第一金並非是具有本夢比的小型飆股，而且我一開始也買在高點，但只是採用「長期持有＋逢低加碼」的簡單策略，就穩穩地賺進了不錯的獲利。股市中充滿著機會，當然也充斥著更多的陷阱，投資人應該要如何選擇呢？我想還是要回到每個人的「能力圈」。

1992 年，巴菲特在致股東信中談到：「對大多數投資人來講，重要的不是他們知道多少，而是要去確定他們不知道的東西。」投資人最重要的是了解自己的能力，然後在外面加一個「圈」，這樣就形成了一個能力圈，圈內的就是自己能力所及的範圍，然後只投資位於自己能力圈內的股票。

孫子兵法說：「知己知彼，百戰不殆。」打敗敵人之前要先了解自己的能力。投資的世界廣大無比，我們沒辦法了解每一個產業，更不可能清楚每一家公司，如果貿然脫離自己的能力圈，投資自己不熟悉的產業，最後就成為一隻不知道該怎麼辦的兔子，結局就是賠錢出場。

巴菲特是堅守能力圈的最佳代表，1997～2000年間，因為網路蓬勃發展，許多投資人在科技股賺了很多錢，但有一個人沒有，那就是巴菲特。在華爾街眾多專家嘲笑與謾罵聲中，巴菲特堅持在自己熟悉的民生必需產業裡面當獵人和收藏家，完全不在新興的網路產業中當兔子。

結果如何大家應該都很清楚了，網路泡沫破滅，許多瘋狂的投機家被無情的股市埋葬了，堅守能力圈的巴菲特成為最大的贏家。後來巴菲特說：「對於我不懂的產業，我就不會投入；不管任何時候，只要投機之風大盛，結局一定是回檔修正。」

投資股票多年，我堅持投資自己熟悉的股票，所以完全不碰生技股。台灣的生技產業有沒有賺錢，投資人似乎不怎麼重視；但是有沒有股價可以炒作，反而更為重要？2015年底，中裕（4147）上櫃後股價大漲，浩鼎（4174）也攻上700元以上的天價，大股東潤泰集團成了最大贏家。那個時候是潤泰集團最風光的一刻，儘管這些生技公司都處於燒錢階段，浩鼎甚至是完全沒有營收，但受惠於股價飆漲，至少貢獻了潤泰集團 1,200 億元的帳面價值。

然而好景不常，2016 年初浩鼎爆發弊案，股價崩跌，潤泰集團也損失慘重。禍不單行，2016 年潤泰集團轉投資的南山人壽，因為備供出售金融資產未實現損失 404 億元，儘管潤泰新（9945）2015 年的 EPS 高達 6.46 元，公司卻沒有現金，導致 10 年來首度無法配息，潤泰全（2915）也受到牽連，2015 年的 EPS 達 8.57 元，卻只能配發 1.6 元的現金股利。

2017 年 3 月，潤泰全宣布當年度不配發股利，小股東一陣譁然（後來在 6 月股東會，加碼配發 0.79 元現金股利），2016 年潤泰全的 EPS 高達 8.4 元，卻因為下列理由而發不出現金：①浩鼎、中裕股價下跌，導致備供出售跌價損失 38 億元；②轉投資南山人壽認列未實現損失 21 億元；③轉投資中國高鑫，因人民幣貶值匯損達 18 億元。

潤泰新一樣受到牽連，無法發出現金，只能配發 2 元的股票股利。儘管潤泰雙雄的 EPS 都是大賺，卻幾乎無法配發出現金股利給小股東。投資人當初買進潤泰雙雄的股票，除了看上公司本業穩定獲利之外，還有中國大潤發這隻金雞母；只是集團領導人的雄心越來越大，跨足的產業越來越廣，風險也越來越高，已經不是我們一般投資人能夠掌控的！

我也曾投資一些潤泰雙雄的股票，以往是看上他們獲利和股利都很穩定，但因為爭議不斷，生技股備供出售跌價損失、人民幣匯損、壽險公司提列未實現損失……這些稀奇古怪的專業名詞，已經脫離了我的能力圈，在無法預估未來發展的情況之下，我只能選擇出清股票了！

我投資股票向來堅持價值投資，一支股票的價值就在於能夠提供給我多少的現金流，如果能夠穩定配發現金給我，讓我持續買進更多好公司，這樣的股票對我來說是最有價值的。投資潤泰雙雄的過程中，讓我重新學到「能力圈」這一堂課，集團負責人的布局越來越龐大，卻讓我越來越看不清楚，我決定回到自己的能力圈，出清股票把資金抽回來，重新投資在我熟悉的電子股跟金融股。

我選擇跟潤泰雙雄說掰掰，並非看空這 2 家公司的未來發展，純粹是我自己看不懂這 2 家公司罷了！台灣股市有一千多檔股票，投資人最重要是要知道自己「不懂什麼」，然後只在自己懂的股票中賺錢。我們一定會犯錯，投資股票最好還是要做好分散，潤泰雙雄只占我總投資的 5%，就算股價下跌 20%，對我的總影響也只有 1%。

投資股票不可能每一檔都賺錢，對我而言，只要賺多賠少，就可以接受了。在這個投資過程中，讓我學到了寶貴的一課，重新認識到「能力圈」的重要性，要在自己懂的股票裡面當獵人和收藏家，千萬不要在不懂的產業中當兔子。

投資股票，其實是一個「知易行難」的過程，重點在於「執行」這 2 個字。很多人總是煩惱要買哪一檔股票？煩惱現在的股價會不會太高？更煩惱萬一股價下跌要怎麼辦？從上面的例子不難看出，就算是買在股價的相對高點，只要是獲利穩定的龍頭好公司，再搭配「用股利持續買回股票」和「低價勇敢加碼」的策略，長期下來自然會累積許多的股票，然後領到很多的股利。

你不用一直打聽股市消息、不用殺進殺出、不會賺少賠多、更不用繳交一大堆交易費與證交稅，自然就會跟收藏家一樣，收藏許多好股票，然後安安穩穩地幫你產生出現金來。

創富筆記 有錢人想得很大

在我小時候，很喜歡看《太空突擊隊》這部卡通，我總是躺在曬穀場上，把自己想像成鐵船長，駕駛著彗星號太空船，探測一顆又一顆美麗的星球。但是家裡沒錢買天文望遠鏡給我，讀高中時只好自己找玻璃跟金鋼砂，磨望遠鏡的鏡片。等到開始上班工作後，除了家庭跟 3 個小孩的開銷，還要拼命省錢做投資，完全不敢興起買望遠鏡的念頭。

40 歲之後，我每年主被動收入超過 200 萬元，可以完成童年時的夢想，但當時我把「簡單的事情複雜做」：買望遠鏡之前要先買車，才能載到山上做觀測；買了車子就需要有車位，所以就要先買房……最後我決定再拼個 10 年，繼續省錢投資，把買望遠鏡這個小確幸，擴展到買車跟買房的大願望上面。

如果一切都順利的話，在本書問世時，我已同時完成人生的 3 大夢想了。

有錢人通常「想很大」，會用比較長遠、宏觀的角度來思考問題，他們會先把金錢跟時間用來累積資產，然後靠資產的利息來消費。窮人則是習慣「想很小」，只尋求眼前的小滿足，一直買進「負債」這些小確幸，結果就沒有錢幫自己累積資產，只能一輩子辛苦工作賺錢。

用本益比判斷合理價
低價買進好公司

第7章

用本益比判斷合理價 低價買進好公司

本益比可以說是最常用來評估股票的指標，什麼是本益比呢？我們把資金投資在 1 個商品，首先會關心的應該是，要花多少年才可以收回成本。例如買進 1 間店面，投入的成本是 2,000 萬元，每年可以收得 100 萬元的租金，成本回收的年限是 20 年，這就是本益比。

公式

$$本益比=\frac{投入成本}{未來每年的收益}=\frac{股價}{EPS}$$

同樣地，如果1支股票每年的EPS是2元，目前的股價是20元，那麼本益比為20÷2＝10倍，也就是10年就能夠回本。本益比的功用是可以用每年的收益，計算出我們需要付出的成本。不過在用本益比評估股票之前，要先判斷公司的獲利是衰退、穩定或成長。獲利衰退的公司完全不建議買進和持有，所以下面只討論穩定與成長這2種公司的股票。

$ 穩定的公司EPS、本益比才有參考值

如果1間店面每年的租金收入都很穩定，我們很容易計算出店面價值多少錢；同理，如果1支股票歷年的EPS都變化不大，我們也可以利用過去的本益比，大概計算出這支股票價值多少錢。以下拿中信金（2891）來說明：

❶ 獲利穩定

只有獲利穩定的公司，過去的本益比和EPS才具有參考價值。從「中信金（2891）最近5年股價與本益比」表格可以看出，中信金的獲利穩定，因此可以用下面的方法來計算、預估股價。

中信金（2891）最近5年股價與本益比								
年度	股價（元）			本益比			EPS（元）	現金股利（元）
	最高	最低	年均	最高	最低	年均		
2017	20.75	17.5	19.2	10.86	9.16	10.05	1.91	1
2018	23	19.6	21.3	12.43	10.59	11.51	1.85	1.08
2019	22.5	19.7	21	10.42	9.12	9.72	2.16	1
2020	23.45	16.05	19.8	10.91	7.47	9.21	2.15	1
2021	26.1	19	22.5	9.56	6.96	8.24	2.73	1.05
平均	23.16	18.37	20.76	**10.84**	**8.66**	**9.75**	2.16	1.03

資料來源：CMoney

❷ 統計最近 5 年資料

如果只看 1 年，比較容易產生偏差，例如該年度公司有一次性的業外損失，或是股市大好導致本益比過高等。通常我會追蹤最近 5 年的平均值，這樣比較客觀，不會被不正常的數據誤導。

❸ 計算本益比

由過去 5 年最高、最低、年均這 3 個股價，分別除以當年度的 EPS，可以計算出各年度最高、最低和年均本益比，再平均計算後，可以得到過去「5 年平均」的最高（10.84）、最低（8.66）、年均（9.75）這 3 個本益比。

❹ 預估今年 EPS

購買店面之前，你一定會預估每個月可以收到的租金；同理，在買股票之前也要先預估今年的 EPS。但是「預估」通常存在著不少變數，也要看投資人的經驗與功力。幸好中信金的獲利一向穩定，2022 年 3 月央行升息 1 碼，對銀行的獲利也有幫助，所以儘管 2021 年中信金 EPS 創下新高，我們可以先預估 2022 年中信金獲利與 2021 年持平（2.73 元），然後隨著公司陸續公告的業績來修正。

❺ 預估股價

公式	**股價＝本益比 × 今年預估 EPS**

昂貴價＝平均最高本益比 × 今年預估 EPS ＝ 10.84×2.73 ＝ 29.59 元

便宜價＝平均最低本益比 × 今年預估 EPS ＝ 8.66×2.73 ＝ 23.64 元

合理價＝平均年均本益比 × 今年預估 EPS ＝ 9.75×2.73 ＝ 26.62 元

上述方法說明如何用本益比來估算股價，對於獲利跟配息都穩定的公司來講，也有很好的參考價值。投資人可以在合理價甚至是便宜價以下時買進，賺取更高的股息殖利率。

本益比的使用要點

❶ 獲利穩定的公司

唯有獲利穩定的股票，才可以用過去的本益比來計算股價，景氣循環股就不適用了。中信金看起來符合這種特性，也算是大到很難倒閉的公司。這種股票具有「可攻可守」的特色，當股價低於便宜價時可以逢低買進，然後在高於昂貴價時賣出賺價差（進攻）；也可以在合理價甚至便宜價之下慢慢買進、累積持股張數，賺取穩定的股息現金流（防守）。投資這類型股票，可以善用過去的本益比資料，協助判斷適當的買賣點，同時賺進股息與價差。

❷ 統計最近 5 年資料

如果單看最近 1、2 年的資料，可能會造成偏差。例如 2009 年金融海嘯過後，不少公司股價開始大幅反彈，但是公司的 EPS 卻還在低點、無法立刻回升，就會造成本益比過高的假象。所以我習慣參考最近 5 年的平均值，才不會被誤導；但是當大股災降臨（2020 年新冠肺炎疫情），我就會改用 10 年的平均值，用長期的保守數據來保護資產。

❸ 參考同產業

對於較新成立的公司，恐怕找不到過去 5 年的本益比可參考，此時方法有 2 個，第一就是採用「產業的平均本益比」；再來就是找出同產業中，與該公司同質性最高的競爭對手來參考，例如統一超（2912）和全家（5903）、巨大（9921）和美利達（9914）、台灣大（3045）和遠傳（4904）。

❹ 空頭要注意

當景氣反轉或碰上股災時，股價通常會領先下跌，但是 EPS 會緩慢地下修，於是造成本益比很低的假象，貿然買進很容易受傷。此時的重點還是要持續觀察公司的獲利情況，等到有好轉的跡象時再來投資。

$ 高成長的公司 本益比相對較高

大象不容易狂奔，EPS 穩定的公司通常屬於成熟的產業，很難再有大幅成長的空間；這類型的股票比較適合資金多的投資人，例如在便宜價時買進5,000萬元的電信三雄股票（中華電、台灣大、遠傳），每年就可以領取約5%（250萬元）的現金股利，而且風險很低，很適合退休族的理財。

但是對於資金不多的年輕人來說，就不一定適合了，如果只用50萬元的資金買進台灣大，每年只能領取2萬多元的股利，要多少年才能夠翻轉人生呢？這時候光是買進EPS穩定的股票還是不夠，反而需要買進EPS「成長」的公司。好比你在買進店面之後，附近逐漸發展成夜市商圈，捷運也跟著開通了，不僅店租年年增加，店面的總價值也會快速地翻升。

從上面的例子可以看出，因為店租不斷地增加，導致店面售價大幅提升，投資人可以同時賺進店租與價差這2筆錢。那麼股票投資呢？當1家公司的EPS穩定上升，除了股利會增加之外，股價是不是也會跟著上漲呢？

假設不敗投資股份有限公司今年的EPS為5元，配息3元，股價為100元，此時的本益比為20倍；如果明年的EPS成長到6元，配息可以增加到4元，一樣用20倍的本益比計算出來的股價是120元。儘管EPS只是從5元上升到6元，只增加了1元，但是投資人可以多領1元的股利，也順便賺進20元的價差，公司也就更值錢了。

從上面的說明不難看出，如果1家公司的獲利能夠穩定成長，投資人通常願意用更高的價錢來買進，也就可以擁有更高的本益比。要記住，股價通常會反映未來的成長性，所以不要指望可以用比較低的本益比，買進未來會有高成長的好公司。

接著來看看A、B、C這3家公司，假設在第1年時，3家公司的EPS均為1元，股價同為12元，因此本益比都是12倍。但是A公司的EPS都沒有成長，而B和C這2家公司未來的EPS成長幅度分別為20%與30%。在股價不變的情況下，3家公司未來的EPS以及本益比，如下表所示。

EPS成長率比較

年度	A公司 EPS無成長			B公司 EPS成長率20%			C公司 EPS成長率30%		
	EPS（元）	股價（元）	本益比	EPS（元）	股價（元）	本益比	EPS（元）	股價（元）	本益比
第1年	1	12	12	1	12	12	1	12	12
第2年	1	12	12	1.2	12	10	1.3	12	9.2
第3年	1	12	12	1.44	12	8.3	1.69	12	7.1

❶ A 公司

EPS 沒有成長，所以本益比都維持在 12 倍。

❷ B、C 公司

由於 EPS 逐年成長，如果股價依然維持在 12 元，本益比會逐年下降。特別是 C 公司，因為 EPS 成長幅度最高，所以本益比下降的速度也最快。

❸ 股價反應

當 B 和 C 這 2 家公司的本益比過低時，投資人自然會加碼買進，因而推升股價。特別是 C 公司的本益比最低，因此股價的漲幅也會最大。看看第 2 年時，B 和 C 這 2 家公司的本益比只有 10 和 9.2 倍，如果本益比要跟 A 公司的 12 倍一樣，B 公司股價會上漲到 1.2×12 ＝ 14.4 元，而 C 公司則會上漲到 1.3×12 ＝ 15.6 元。

儘管 A、B、C 這 3 家公司一開始的 EPS 和股價都一樣，如果可以預估出 B、C 這 2 家公司未來的 EPS 成長幅度，那麼就算在第 1 年時，用比較高的 13 元買進 B 公司，或是用更高的 14 元買進 C 公司，只要持續投資到第 2 年，結果都會比用最便宜的 12 元買進 A 公司還要划算。

因為在第 2 年時，A 公司的股價一樣是 12 元，但是 B 公司會從 13 元成長到 14.4 元，而 C 公司則是從 14 元成長到 15.6 元。而且在第 3 年時，買進 B 和 C 公司的獲利都會遠勝於買進 A 公司。因為 B 和 C 公司的 EPS 逐年成長，就會推動股價持續上漲。因此，具有高成長性的股票，股價通常不會太低，也很難在低本益比時買進。

由此可見，秉持「低本益比買進」的策略來操作股票，只適合 EPS 穩定且「沒有成長」的股票。對於高成長性的股票，還是要付出比較高的股價，用高一點的本益比來買進。

再來討論對於有成長的股票，可以用多高的本益比來買進。一樣是 A、B、C 這 3 家公司，但是 EPS 的成長率不同，如下頁表所示。

❶ 成長率與本益比

在第 1 年的時候 A、B、C 這 3 家公司的 EPS 都一樣是 1 元，用 10 倍的本益比買進 A 公司（10 元）；B 公司的 EPS 成長率為 20%，用 20 倍的本益比買進（20 元）；C 公司的 EPS 成長率為 30%，用 30 倍的本益比買進（30 元）。年成長率越高的公司，就需要用越高的股價買進。

年度	A公司 EPS無成長			B公司 EPS成長率20%			C公司 EPS成長率30%		
	EPS（元）	股價（元）	本益比	EPS（元）	股價（元）	本益比	EPS（元）	股價（元）	本益比
第1年	1	10	10	1	20	20	1	30	30
第2年	1	10	10	1.2	20	16.67	1.3	30	23.08
第3年	1	10	10	1.44	20	13.89	1.69	30	17.75
第4年	1	10	10	1.73	20	11.56	2.2	30	13.64
第5年	1	10	10	2.08	20	9.62	2.86	30	10.49
第6年	1	10	10	2.5	20	8	3.72	30	8.06
第7年	1	10	10	3	20	6.67	4.84	30	6.2
第8年	1	10	10	3.6	20	5.56	6.29	30	4.77
第9年	1	10	10	4.32	20	4.63	8.18	30	3.67
合計	9	–		20.87	–		32.08	–	

Table title: EPS成長率比較

❷ 股價是反映未來的成長性

到了第5年的時候，B公司的本益比已經從20倍降到9.62倍，C公司的本益比也從30倍降到10.49倍，已經跟A公司的10倍差不多了。就算是當初買在比較高的本益比，EPS的成長率也會將本益比逐漸地拉低。

❸ 回本速度

累積到第9年，A公司只賺進9元的EPS，還不夠當初

本益比不同 回本速度也不同			
公司	買進股價（元）	賺進EPS（元）	買進第9年是否回本
A	10	9	否
B	20	20.87	是
C	30	32.08	是

買進的10元成本；但是B、C公司分別賺進了20.87與32.08元，當初買進的股價都已經回本。

小型股＋高成長＝高本益比

從上面的討論不難發現，就算用比較高的本益比（股價）買進B和C公司，長期投資下來，還是比買進便宜且本益比較低的A公司划算！所以，買進股票時並不是本益比越低越好，而是要同時考量到EPS的成長率，EPS能夠持續成長，才是股價的最大推手。

以下拿股價曾經突破6,000元的大立光（3008）做一個例子，由於資本額僅13.4億元（2022年）算得上是小型股，EPS從2009年的18.62元持續成長到2017年的193.65元，

大立光（3008）近年股價與本益比

年度	股價（元）			本益比			EPS（元）
	最高	最低	年均	最高	最低	年均	
2014	2,640	1,105	1,978	18.22	7.63	13.65	144.91
2015	3,715	2,045	2,839	20.63	11.36	15.77	180.08
2016	3,980	1,790	3,066	23.48	10.56	18.09	169.47
2017	6,075	3,780	5,028	31.37	19.52	25.96	193.65
2018	5,330	2,875	3,940	29.34	15.83	21.69	181.67
2019	5,200	2,880	4,224	24.68	13.67	20.05	210.7
2020	5,210	2,945	3,857	28.49	16.1	21.09	182.9
2021	3,590	1,960	2,750	25.8	14.09	19.77	139.13

資料來源：CMoney

股價與本益比也在2017年間達到高峰，完美解釋「小型股＋高成長」可以擁有高本益比（高股價）的概念。

只是水能載舟也能覆舟，2021年大立光的EPS只剩下139.13元，股價也在2022年3月初跌破2,000大關，剩下不到高點時的三分之一。小型股的特點是股本小、籌碼集中，當公司獲利成長時股價容易拉抬，所以「千金股」很多都是小型股。投資高本益比的小型股，一定要認真研究產業前景和公司獲利，當持續成長時就抱緊股票，股價自然會水

台積電（2330）近年股價與本益比							
年度	股價（元）			本益比			EPS（元）
	最高	最低	年均	最高	最低	年均	
2014	142	100.5	123	13.95	9.87	12.08	10.18
2015	155	112.5	140	13.11	9.52	11.84	11.82
2016	193	130.5	166	14.97	10.12	12.88	12.89
2017	245	179	210	18.52	13.53	15.87	13.23
2018	268	210	237	19.79	15.51	17.5	13.54
2019	345	206.5	262	25.9	15.5	19.67	13.32
2020	530	235.5	379	26.54	11.79	18.98	19.97
2021	679	518	598	29.51	22.51	25.99	23.01

資料來源：CMoney

漲船高；一旦前景生變、獲利開始下滑，還是要趁早出脫股票，在翻船前趕快逃生。

再來拿權值王台積電（2330）做一個例子，2022 年初資本額為 2,593.2 億元，市值超過 17 兆元。2014 年之前 EPS 在 10 元以下，股價也大多在百元之下，本益比約在 15 倍左右。然而在 2020 年因為肺炎疫情引發宅經濟，半導體需求增加也讓台積電獲利大幅成長，2021 年最高本益比已經接近 30 倍。

$ 用合理價買進好公司

買進高成長的股票，不僅將來可以獲得更高的報酬，也有比較大的犯錯空間（例如在高價時買進，或是遭逢股災……）。如右頁表所示的A、B這2家公司，一開始的股價都是100元，但是A公司的年成長率為10%，B公司則為18%，在投資10年之後，B公司股價成長為523.4元，是A公司259.3元的2倍。顯而易見的是，長期投資還是要以高成長率的股票為首選。

長期投資股票，幾乎不可能避免黑天鵝事件，如右頁表所示，在第10年之後遭逢股災，股價重挫50%，但是投資A、B公司依然有獲利，而且B公司的報酬率高過A公司。由此可見，選擇好公司才能夠安度股災，全身而退。

好公司只有3個重點：賺錢、賺錢、賺錢。持續賺錢的公司不可能倒閉，也有能力年年發放股利，讓股東繼續買進更多的股票。就算是買到成長率較低的股票，只要把握「長期投資」、「股利持續投入」、「逢低加碼」的原則，一樣可以從股海中獲得穩定的獲利。

年成長率比較		單位：元
公司	A公司	B公司
年成長率	10%	18%
原始股價	100	100
第1年	110	118
第2年	121	139.2
第3年	133.1	164.3
第4年	146.4	193.9
第5年	161	228.8
第6年	177.1	270
第7年	194.8	318.6
第8年	214.3	375.9
第9年	235.7	443.6
第10年	259.3	523.4
股災跌50%	129.6	261.7

如果投資人願意花更多的時間來尋找好公司，就算股價比較高，依然值得我們花更多的錢來買進。雖然好公司的股價都不便宜，但是用合理價買進好公司，還是會贏過用便宜價買進平庸的公司。

創造股利現金流
打造退休聚寶盆

第8章

創造股利現金流 打造退休聚寶盆

隨著醫療進步，國人平均壽命不斷增加，最受退休族恐懼的 3 件事是：存太少、活太久、花太快。而根據勞保局的資料顯示，截至 2021 年 8 月止，約有 146 萬名勞工請領勞保老年年金，平均每人僅能領到 1.7 萬元。

這點錢恐怕只夠維持基本的生活開銷，更不用說房屋租金與老後的醫療費用。儘管多數人都有勞保、農保、公保、老年年金……但是在戰後嬰兒潮大量退休，與出生率降低、人口結構逐漸老化的情況下，政府退休金的缺口也在逐漸擴大，年輕人未來退休後能不能獲得足夠的保障，可能存在不小的變數。

依照目前的物價水準，想維持比較穩定的生活，退休後每個月需要3萬元生活費；假設從60歲退休，然後活到80歲，每年醫療支出約10萬元，至少需要準備920萬元的退休金，而且這還是完全不考慮旅遊、度假、購買奢侈品等其他額外的開銷。

如果想要過好一點的退休生活，家族有長壽基因，或是醫療進步導致越活越久，就必須要趁年輕時努力規畫：

❶**努力提高收入**：認真工作、學習專業技能，或利用空閒時間兼差，增加收入就可以做好退休規畫。

❷**延後退休時間**：延長上班賺錢的時間，盡量延後退休。

❸**投資理財**：想大幅提高收入的難度不小，延後退休也有一定的限度，最好的方法還是做好投資理財，靠錢來滾錢。

$ 追求自由 先苦後甘的人生很值得

人生努力了一輩子，到底在追求什麼呢？打開塵封已久的回憶，民國83年夏天，我從台科大機械研究所畢業後，也開始了朝九晚五的上班族生涯。

以前在學校讀書累了，可以趴在書桌小睡一番，或是跳到游泳池清涼一下；可是上班時倦了、疲了，就只能到廁所偷偷瞇個 10 分鐘，人生最痛苦的莫過於此啊！公司裡的前輩看見我這副菜鳥樣，便問我：「你這輩子讀了這麼多書，還不是為了上班賺錢。」

然後前輩又送給我一句：「等到你上班 20 年，那個感覺就像是在坐牢。」是啊，從小學讀到研究所畢業，總共耗費了 18 年的光陰，最後不就是為了「工作賺錢」嗎？原來讀了一輩子的書，目的就是去坐牢，從此喪失了自由！為了養家養小孩，我只好每天乖乖的認命上班，然後祈求能在 25 年後刑滿出獄，順利退休。我終於體會到，原來人打拼了一輩子目的就是「求自由」，但是錢要從哪裡來？

《Money 錢》出版的《不上班也有錢》，是一本很值得推薦的書，女主角 Winnie 居然可以在年紀輕輕的 33 歲，就達到了財務自由。將老闆開除的一家人，從此環遊世界、四海為家，那麼 Winnie 是出生在有錢人的家庭嗎？

恰恰好相反，她在小學 3 年級時，因為父母離異而寄住在育幼院，必須做家庭手工才有零用錢，整個暑假卻也只有賺到 1 張 50 元鈔票加幾個硬幣。從小，Winnie 學會了珍惜手中的零錢，絕對不輕易花掉，為了盡早達到財務自由，她和她先生過著最節儉的生活，從一開始只能存很少的錢，隨著薪水增加，可以將 50%、70% 的收入都存起來。

辛苦終於有了代價，堅持了 10 幾年之後，Winnie 夫妻從此將工作辭掉，開始了環遊世界的精彩人生。看到了 Winnie 的勵志故事後，你是否也興起 Fire 老闆、提早退休的想法？那麼需要多少本金才可以退休呢？以 Winnie 奉行「4% 原則」來看，假設每年需要 100 萬元的生活費，需要的本金就是 100 萬 ÷4% ＝ 2,500 萬元，然後她將 9 成以上資金拿去購買美股 ETF，做安全穩健的投資。她操作 ETF 的方法很簡單，就是長期持有，然後趁便宜時多買一點。

這個投資策略真的是很簡單，但是「紀律」這 2 個字要確實執行很不容易。要知道，ETF 的報酬率要用「長期平均」的角度來看，如果持有的年限太短，也是有可能賠錢；同樣地，遇到股災大跌之際，一定要有紀律地逢低加碼，才能增加報酬率。先來試算一下 Winnie 的 4% 原則：

本金2,500萬元、通膨率1.5%				
報酬率4%	每年花費	100萬	95萬	90萬
	花光年數	41年	45年	49年
報酬率5%	每年花費	120萬	110萬	100萬
	花光年數	38年	46年	60年
報酬率6%	每年花費	140萬	130萬	120萬
	花光年數	36年	44年	59年

說明1 通膨會讓錢變薄

當本金為 2,500 萬元、報酬率為 4% 時，第 1 年可以獲利 100 萬元，剛好足夠每年 100 萬元的生活費。理論上，這筆 2,500 萬的本金會永遠花不完，但是因為通膨的影響，假設通膨率為 1.5%，也就是今年價值 100 萬元的商品，明年需要 101.5 萬元（100 萬 ×101.5%）才買得起，已經超過每年 100 萬元獲利。如果堅持每年只能花 100 萬元，生活品質就會逐年下降；若想要維持生活品質，就必須花更多錢，也就會侵蝕到本金。

說明2 破產上天堂

儘管侵蝕到本金，只要在投胎時剛好花光光，也不是一件壞事，因為再多錢也無法帶去投胎。拿上表 4% 報酬率那一欄來說明，假設投資人在49歲時累積到2,500萬元退休金，在每年需要100萬元生活品質、通膨1.5%的情況下，可以支撐41年，也就是可以開心活到90歲，然後破產上天堂。

說明3 減少支出

努力節流，減少每年的支出，2,500萬元的退休金就可以支撐更久的退休生活。如表中計算，如果每年只花費90萬元，就能夠支撐49年，可以提早到41歲就退休。

說明4 增加報酬率

如果可以將報酬率增加到4%以上，不僅可以得到更好的退休品質，也能讓你支撐更久，長期投資國泰永續高股息（00878）、台灣50（0050）、台灣高股息（0056），再搭配逢低加碼的操作，應該可以賺到超過5%～6%的報酬率。

說明5 先苦後甘

幾十年的退休生活中，單靠投資的孳息來過活，還是有很大的變數，萬一破產了卻沒有上天堂，也就大事不妙了。所以剛退休的前幾年，Winnie一家人還是努力節省開銷，例如只到消費較低的中美洲旅遊，將省下來的錢當作加碼資金，在股災時持續加碼投資；等到本金變大之後，就可以到消費較高的歐美去旅遊。

Winnie 夫妻很認真地工作了十幾年，同時拼命省錢、賣掉房子，幫自己打造了一筆 3,000 萬元的退休金，只投資在最簡單的美股 ETF 上面，就可以開除老闆，讓自己一家人環遊世界過生活。

我相信這個故事可以激勵許多人，「勇氣」是我最佩服 Winnie 的地方。人生因為夢想而偉大，如果你不想把你未來的夢想埋沒在永無止境的工作中，請你認真工作、努力省錢、善用投資工具。努力做好投資理財，你才有重新出發的機會，才有錢和時間去探索這個美麗的大千世界。儘管要先苦上十幾二十年，但是值得，真的值得！

$ 時代改變 需要更多退休金

我是捧著鐵飯碗的公立學校教師，還是需要積極靠著存績優股，打造自己的退休聚寶盆。那麼一般上班族呢？你覺得未來的退休金、年金夠用嗎？我活了半個世紀，也稍微感受到了時代的改變。

改變1 醫療快速進步

在我小時候，50 多歲的阿公、阿嬤，看起來真的是老態龍鍾，但是現在醫療進步，就算已經退休的人都很健朗，像是成龍、史特龍這些動作片巨星，已經 60、70 歲都還可以打來打去，當真是「人生 70 才開始」。2020 年國人的平均壽命是 81.3 歲，未來會持續往 90 歲、100 歲邁進，準備退休金必須往未來看，將來才不會擔心自己活太久。平均壽命持續增加，需要的退休金也會越來越多。

改變2 出生率大幅降低

記得我小時候讀書時，一個班級都有 50 個同學，把教室塞得滿滿的，當時每年的新生兒有 40 幾萬人，到了 2021 年，全年新生兒人數不到 16 萬人，不到以前的一半，也就是未來工作繳稅的人會越來越少。

改變3 財政入不敷出

大約在 2025 年，我這個世代的人（民國 50 年次）逐漸退休後，每年有 40 幾萬人開始領退休金，但是每年卻只有增加 20 萬的年輕人在工作繳稅，你覺得政府財政可以支付嗎？加上醫療進步，老人越活越久、退休金越領越多，財政缺口一定是越來越大。

改變4 工作長達 50 年

入不敷出的情況下，最後一定是「開源」和「節流」。

❶開源：讓年輕人工作久一點，不要再想 65 歲退休了，國外已經在研究延長退休年齡到 70 歲。請問，你願意 22 歲從大學畢業後，一直工作到 70 歲才退休嗎？將人生最精華的 50 年貢獻給公司，為五斗米折腰，你願意嗎？

❷節流：已經退休的老人呢？下場就是就是越領越少，這並不是危言聳聽，公教人員的退休金已經在 2017 年被大幅刪減，誰曉得以後會不會再砍？只靠政府退休金過活的老人，將來恐怕會煩惱自己活太久！

除了張忠謀、郭台銘等創業家之外，應該只有少數人樂於工作一輩子，如果可以提早退休，相信很多人會馬上開除老闆！可是要退休之前，一定要先達到財務自由，只有在不缺錢的情況下，才能夠無憂無慮地享受人生。那麼，究竟需要多少錢才可以退休呢？ 2,000 萬、3,000 萬，還是 5,000 萬元？我在網路上還看過投顧公司預估 6,000 萬元，真的需要這麼多錢嗎？

在規畫退休金之前，一定要關心通膨和醫療這 2 大因素：通膨會讓你的錢越來越薄，如果預計在 50 歲退休，一定要預估 90 歲時的消費水準；醫療肯定是越來越進步，老人越來越健康，也越來越長壽，因此需要準備更多的退休金。退休金要怎麼存？要存多少呢？假設從 50 歲退休，預計活到 90 歲，然後退休期間每年需要 100 萬元生活費，來看看下面 2 種規畫。

$ 靠儲蓄退休 要存一座金山

簡單來說，靠儲蓄退休就是準備好一座金山，然後每年挖一些出來當生活費，最理想的情況是金山挖完了，剛好破產上天堂。通常會在銀行存一座金山的人，大多是不信任投資理財，這也無可厚非，畢竟退休生活需要穩定的保障，銀行定存還是最安全。

但是需要有多大的金山呢？如果從 50 歲持續到 90 歲，以每年花費 100 萬元來計算，就需要 4,000 萬元，這可不是小數目；假設從 25 歲開始存到 50 歲，每年要存 160 萬元，年收入恐怕需要 200 萬元以上，相信不是每個人都能夠做得到。就算真的縮衣節食存到 4,000 萬元，真的夠用嗎？萬一活超過 90 歲怎麼辦？萬一因為通膨導致物價飆漲，金山提早挖完了怎麼辦？

先來看看通膨的影響吧，假設每年的通貨膨脹率為 1.5%（簡稱通膨率），也就是今年售價 100 元的商品，明年需要 101.5 元才買得起；由此可見，因為通膨的影響，每年 100 萬元的生活費，購買力會逐年下降，請看下表的數據。

50歲退休 預計每年花費100萬元（通膨率1.5%）

年紀	55	60	65	70	75	80	85	90
維持生活品質所需金額（萬元）	108	116	125	135	145	156	168	181
原始100萬的購買力（%）	93	86	80	74	69	64	59	55

要說明的是，4,000 萬元這種大額存款的利率非常低，而且不確定往後是否會繼續降息，所以將存款利息忽略不計。從上表不難發現，如果想要維持生活品質，每年要從金山裡面挖出更多錢，例如 60 歲時需要 116 萬元、70 歲時需要 135 萬元，才能享受原本計畫每年花 100 萬元的生活品質。

在越挖越多的情況下，這座金山只能夠維持到 82 歲，除非準備到 5,608 萬元，才可以維持到 90 歲。

如果無法存下這麼大一座金山，那就只能降低生活品質了，同樣的每年 100 萬元，在 70 歲時只有 74% 的購買力，80 時只剩下 64%，只會越活越窮。

從上面的說明不難發現，靠銀行定存來充當退休金，需要一座很大的金山，可惜的是，不是每個人都堆得起。如果金山不夠大，或是越活越久，退休後只會越活越窮，而且年紀越大需要越多錢（醫療、看護等），下場恐怕不會太樂觀。沒能力去堆一座 4,000 萬元的金山，還有其他方法嗎？

$ 打造聚寶盆 55歲可以提早退休

其實，歸根究底只是想要一筆每年 100 萬元的現金流，所以不一定要去堆金山，用第 2 種存股票領股利的方式規畫，一樣可以辦得到，來看一下中華電（2412）近年的營運績效。

過去幾年中華電的平均股價是 98.2 元、平均現金股利為 5.2 元，如果買進 200 張（1,964 萬元），就可以年領 104

中華電（2412）歷年經營績效								
股利發放年度	2011	2012	2013	2014	2015	2016	2017	平均
年均股價（元）	96.2	92.2	94.1	93	97.8	110	104	98.2
現金股利（元）	5.52	5.46	5.35	4.53	4.86	5.49	4.94	5.2
年均殖利率（%）	5.7%	5.9%	5.7%	4.9%	5.0%	5.0%	4.8%	5.3%

萬元現金股利，只要擁有 200 張中華電股票，你就不需要去堆那一座 4,000 萬、5,000 萬元的金山。

看到這裡算是露出了一點曙光，不過 1,964 萬元也不是一筆小數目，要怎麼存？從上表可以看出，一張中華電的股票，平均每年會發放 5,200 元現金股利，這筆股利現金流就會持續幫你存股票。

假設投資報酬率為 5%，如果從 25 歲開始每年投入 30 萬元買進中華電（假設股價 100 元），在第 30 年時就可以累積到 2,267.8 萬元（226.78 張中電股票），每年 5% 的股利現金流有 113.4 萬元，在 55 歲時就可以樂活退休了，而且這 30 年只投入 900 萬元，比起那一座 4,000 萬、5,000 萬元的金山，相對容易多了（見下頁表）。

存股票靠股利退休，最怕的是股票變成壁紙，害怕歸害怕，

每年用30萬買中華電（2412）55歲就退休 單位：萬元								
報酬率	每年投入	投資年限（年）						
		10	15	20	25	30	35	40
5%	20	278.4	490.1	758.1	1,098	1,511.9	2,063.2	2,764.8
	30	417.5	735.1	1,137.1	1,647.0	2,267.8	3,094.9	4,147.2
	40	556.7	980.2	1,516.1	2,196.0	3,023.7	4,126.5	5,529.6
8%	20	321.5	616.9	1,047.1	1,675.8	2,579.7	3,932.9	5,917.6
	30	482.2	925.3	1,570.6	2,513.7	3,869.5	5,899.3	8,876.4
	40	642.9	1,233.8	2,094.1	3,351.6	5,159.3	7,865.8	11,835.3

還是要理性面對。中華電具有公營色彩，而且經營的電話網路等服務，獲利非常穩定，不要說虧損了，中華電想要不賺錢都很難，算是防禦性極高的一家公司。

不過，自從 2018 年殺價競爭之後，電信股的股利開始下滑，如果不放心，投資人也可以改存高股息的元大高股息（0056）、國泰永續高股息（00878）等 ETF。

方法1 多存幾年

如果通膨率為 1.5%，只要股票的張數一樣以每年 1.5% 的速度成長，就可以抵消通膨，例如上表中 5% 報酬率、每年存 30 萬元，只要堅持到第 35 年就會累積到 3,094.9 萬元

（309.49張），可以年領155萬元股利（以5%殖利率計算）。

以退休第1年為例，存到的309.49張股票，領到股利之後先買進1.5%，也就是309.49×1.5%＝4.64張股票（46.4萬元），剩下的155萬－46.4萬＝108.6萬元才可以當生活費使用（仍超過預設的100萬元退休金）。

只要在每年領到股利後，先買進1.5%的股票，股利就會越領越多，當然能夠完全抵消通膨的影響。

方法2 減少花費

如果不願意多存幾年，那麼就要節省花費了。拿表中在第30年時，累積到的2,267.8萬元為例（226.78張），在第1年領到5%的113.4萬元股利後，一樣先買進1.5%的股票，也就是226.78×1.5%＝3.4張（34萬元），剩下的113.4萬－34萬＝79.4萬元才能夠當作生活費使用。為了抵消通膨的影響，儘管預估需要100萬元生活費，但是你只能消費79.4萬元，剩下的錢要持續買進股票。

方法3 破產上天堂

上述兩種方法，都可以維持一定的生活品質，並且避開通膨的影響，而且股票也會越存越多。但如果不想多存幾年，也不想減少花費，就只能把腦筋動到那 200 張股票上面。

例如在退休 10 年後發現股利已經不夠用了，賣掉 1 張股票便可以得到 10 萬元現金，能夠維持退休生活的水準；只要不要太揮霍，相信 200 多張股票可以賣上很多年，最理想的就是股票賣完了，直接「破產上天堂」。

方法4 增加報酬率

存股票最重要的 2 個因素就是時間和報酬率，如果可以提高報酬率，就能夠減少存股的時間。上面說的中華電，因為大家都知道它是好公司，因此很難有便宜價錢可以買，每年的股利殖利率也只有 5%。

但是台灣還是有台積電（2330）、鴻海（2317）、官股金控等好股票，我長期持有台積電超過 20 年，年平均報酬率超過 30%。

退休金不建議都押在單一支股票上面，如果是投資台灣 50（0050），就包含了台灣市值最大的 50 家公司，不僅可做好分散持股，長期平均下來每年也有 6% ～ 8% 的報酬率。還有就是分散在 30 家公司的台灣高股息（0056），除了穩定領股利之外，按照我在《每年多存 300 張股票》書中寫的操作方式，一年賺進 10% 價差也非難事！

如 207 頁試算所示，只要報酬率達到 8%，每年投入 30 萬元，在第 25 年可以累積到 2,513.7 萬元，每年 8% 的股利高達 201 萬元，足夠退休後環遊世界了。

方法5 增加資金

投資的要義，就是「用現在的錢去賺未來的錢」，因此年輕存股票時，努力作好開源跟節流，就能夠投入更多資金來存股，將來的回報也會越高。同樣地，還是要善用閒暇時間，認真學習投資理財的知識，努力增加報酬率。

$ 領股利要繳稅 靠價差來彌補

打造退休聚寶盆期間，領到的股利都要繳稅，是所有投資人心頭永遠的痛。不過痛歸痛，還是要面對現實，股利的稅「一毛錢都逃不掉」，我們唯一能夠做的就是「多賺一點來繳稅」。如果股利要繳稅，只要同時賺進價差，就可以彌補了。那麼要如何同時賺進股利和價差呢？以下拿統一（1216）來當例子說明。

投資股票之前最好先了解公司的業務特性，7-11 遍布街頭，每年只要夏天降臨，總會看見一大群人在排隊買飲料。看著 7-11 熱滾滾的業績，總會讓我思考要不要買進統一超（2912）的股票，不過統一超的股價有點貴，1 張超過 20 萬元，因此我將腦筋動到母公司統一的身上。

統一持有統一超 45.4% 股權（截至 2021/9/9），而且是國內食品業的龍頭，獲利十分穩定，旗下統一超更是通路業的霸主，這種優秀的公司當然是投資的好選擇，可惜因為大家都知道它的好，加上大盤站上萬點，統一股價也跟著水漲船高。看看統計數據，股息殖利率並不高（見下表）。

2013 ～ 2015 年，因為有配發股票股利，而且都有填權，

統一（1216）近年股利表現

年度	股利（元）			年均價（元）	報酬率（填權）
	現金	股票	合計		
2013	1.4	0.6	2	56.4	8.5%
2014	1.5	0.6	2.1	51.8	8.9%
2015	1.4	0.4	1.8	53.9	6.6%
2016	2	0	2	58.8	3.4%
2017	2.1	0	2.1	57.4	3.7%

資料來源：CMoney

所以存股的報酬率比較高；但是自從 2016 年起，可能是為了控制股本的膨脹而不配發股票，改成只有配發現金股利，因此報酬率就偏低，只有 3% 多一點，如果投資人是長期存統一來領股利，不僅股利不多，而且還要繳交所得稅和健保補充費，真正拿到手上的股利不會太迷人，因此必須思考如何增加獲利。

前面提到夏天時統一超的飲料會熱賣，那麼冬天呢？業績應該會降低吧？請看看統計圖，冬天時統一超的營收確實是衰退的，然後夏天時又會成長到高峰，公司營收很明顯會隨著季節高低循環。

這種業績會循環的股票，切記不要買在營收高點，因為接著就會往下走了，反而是要買在營收低點，靜待營收往上成長，然後在高峰時賣出股票。

統一超的營收也會反映到母公司統一的股價上面，看看統一的股價走勢圖（見 214 頁），當冬天業績差時買進股票，在夏天業績高峰時賣出，可以賺進不少價差。

我在 2017 年 5 月以 58 元的價位買進統一，持有到 8 月底用 65 元賣出，除了賺進 7 元的價差，還順便賺到 2.1 元

資料來源：CMoney法人決策系統

的現金股利，總獲利為 9.1 元，報酬率為 15.7%（9.1 元 ÷ 58 元），如果只是存股領股利，只能拿到 2.1 元現金股利，殖利率也只有 3.6%，而且這 2.1 元還要繳所得稅和健保補充費，幸好順便賺到 7 元價差，可以彌補繳稅的損失。

經常有讀者問到，長期投資就是要「抱著不賣」嗎？「低買高賣」不就是在投機嗎？其實投資股票的目的就是賺錢，所以要隨著公司的特性來調整，絕對不要拘泥於單一種方法。此外，長期投資股票時，還要考量股利繳交所得稅的成本，

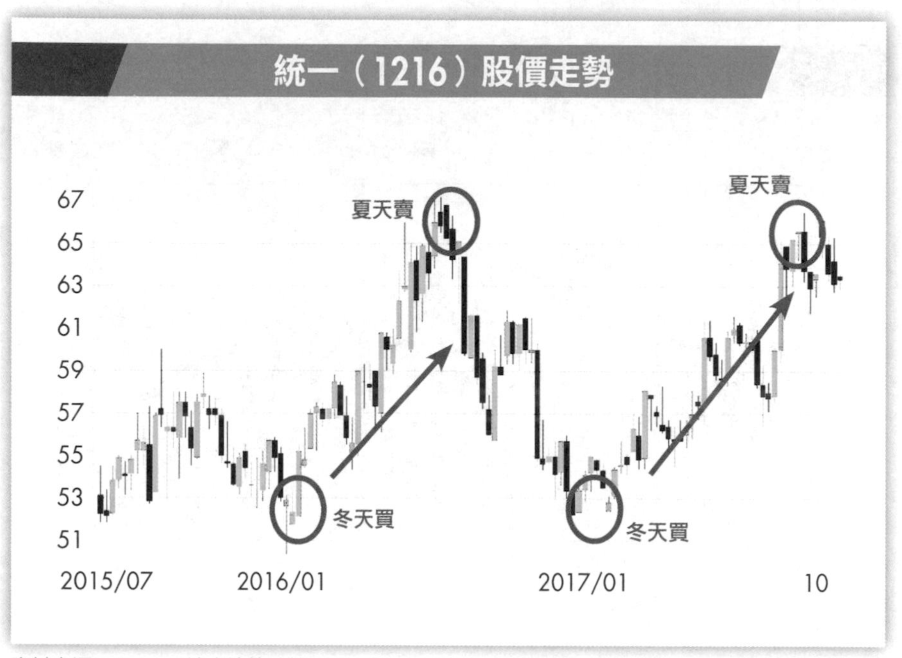

資料來源：CMoney法人決策系統

最理想的就是現金股利不多（繳稅少），但是可以賺進許多價差的股票。

❶成長中的股票：拿我持有超過 20 年的台積電來當例子，2011 年～ 2017 年的現金股利殖利率大概才 3% 多，不過因為股利少所以也不會繳太多所得稅；但是股價從 2011 年的 70 元，一路飆漲到 2017 年的 200 多元，超過 140 元的價差不僅彌補了股利的不足，還不用繳稅。所以，獲利持續成

長的公司，長期抱著存股票，可以同時賺進股利與價差。

❷**景氣循環股：**上述的統一就是代表，長期持有領股利，不僅現金股利不夠迷人，繳稅之後又更少了；但是如果可以善用景氣循環賺價差，在景氣低點時買進，在景氣高峰時賣出，也能同時賺進股利與價差。

投資人常常戲稱「中華民國萬萬稅」，既然無法逃稅，不如思考怎樣把餅做大，也就是「賺更多的錢來繳稅」，持有成長中的股票，以及利用景氣循環來操作股票，就是可以參考的方法，上面只是以統一這支股票來當例子，只要大家認真研究，一定可以發掘更多讓你「樂於繳稅」的好股票。

$ 把握現在 你才會有未來

2002 年電影《時光機器》（The Time Machine）中，男主角（亞歷山大）深愛的未婚妻（艾瑪）因為意外而過世，傷心欲絕的亞歷山大為了與艾瑪重逢，費盡心力打造出一部時光機，可是當他滿懷希望，回到過去與艾瑪重逢時，還是無法讓艾瑪免於意外；亞歷山大一次又一次地回到過去，但是只能看著艾瑪一次又一次的死於不同意外。

既然無法改變過去，亞歷山大只好走到未來去尋找答案，他在未來的世界看到一句話：「The future is now.」，未來就是現在。為什麼亞歷山大無法改變過去來拯救艾瑪？正是因為艾瑪的意外，才導致他發明了這一部時光機；如果艾瑪沒有死亡，時光機也就不會被發明出來了。所以，只要有時光機，就不會有艾瑪，艾瑪必須要死啊。

上面講的是電影的情節，但是科技一直在進步，未來有可能發明時光機器嗎？我有時會考考學生：「你覺得，將來你會跟哆啦A夢一樣搭乘時光機，穿梭古今嗎？」等到學生腦力激盪完畢，我接著又問他們，如果真的有時光機，怎麼沒有一個來自未來的你，把日後大樂透的開獎號碼都告訴你呢？如果在我年老時，買到了一部時光機，我一定會回到過去，告訴年輕時的我要買哪幾支股票，然後我早就已經成為全球首富了。

「The future is now.」就是告訴我們「未來掌握在現在的手上」，我們沒有辦法改變過去，但是現在的我絕對有能力去改變我的未來。存退休金正是如此！有沒有含著金湯匙出生，這些都已經不重要，因為過去的事情無法改變了，能做的就是把握現在，努力幫自己打造退休聚寶盆，「未來」的你才會感謝現在的你。

借錢買股票 先做好風險評估

第9章

借錢買股票 先做好風險評估

投資股票的關鍵在於資本和報酬率，想要快速獲得滿意的報酬，就要增加資金和提升報酬率。

如果資金只有 10 萬元，就算達到 50% 的報酬率，獲利也只有 5 萬元，這就是所謂的「本小利大，利不大」。但如果有 1 億元資金呢？就算只有 5% 報酬率，獲利也高達 500 萬元，可以說是「本大利小，利不小」。

另外，大家都想增加投資的報酬率，但風險也往往跟報酬率成正比，報酬率越高、風險也越大，因此很多人最後只能選擇低風險、低報酬的商品。那麼，一般人就只能夠靠少少的資金、低報酬率，忍耐 30 年來「媳婦熬成婆」嗎？

$ 有借有還 才是「老實人」

網路上流傳一則故事，一位 30 多歲的銀行會計師，單身一人，也沒有女朋友，上班 10 年都盡忠職守，從不請假、也沒出錯，同事們都叫他「老實人」。老實人只有環遊世界一個願望，可是當上班族的他並沒有賺到什麼大錢。

有一天，他請假了，然後好幾天沒上班，打電話也沒有接聽，老闆跟同事都十分擔心，怕他是不是發生了意外？就在眾人擔心之際，老闆發現銀行帳戶內有 1 億元資金，幾天前被老實人轉走，並且已經提領了，公司所有人都十分驚訝，不相信老實人會做出這種事，甚至有人擔心，老實人被人劫持去偷錢，最後只好報警求助。

一個星期過去了，老實人自己走進警局自首，他坦承偷了 1 億元，可是老實人卻說：「我坦承我的罪行，但我真的不能告訴你那 1 億元在何處。」結果，法官判了他 15 年。在監獄裡，他是模範囚犯，唯一的消遣便是看旅遊書，關了 13

年之後，老實人出獄了。

當年的老闆早就退休了，可是他一直忘不了這個老實人，很想知道老實人究竟發生了什麼事，還有那 1 億元去了哪裡。沒想到門鈴響起，老實人就站在家門前，將那 1 億元還給了老闆。老實人坐了 13 年牢，然後那 1 億元又回到了銀行，故事就這樣結束了嗎？

在一班飛機的頭等艙中，老實人一手拿著紅酒，一手拿著旅行雜誌，決定飛往倫敦後，再到阿拉斯加看冰山，然後去澳洲海岸曬太陽。身旁剛認識的空姐，嬌嗔地問他：「你是從事什麼行業？怎麼可以這麼早退休，年紀輕輕就開始環遊世界？」

老實人笑道：「我是做投資的，妳知道嗎？把 1 億元拿去買利息 6% 的不記名債券，13 年後會變成 2 億 1,300 萬元，扣掉 1 億元本金後，還賺了 1 億 1,300 萬元，這些錢每年的 6% 利息，就有 678 萬元，夠我環遊世界了！」老實人接著說：「沒有 1 億元就去跟銀行借，但是記得，有借有還才是老實人。」

每年花8萬 7年賺到8張中華電

常常聽到不少人因為資金不多，不得不操作預期報酬率較高的商品，像是選擇權、融資，甚至是期貨，但也因此置身在高風險中，真正能夠賺到錢又全身而退的人恐怕並不多。

如果資金不多，可是又想要投資高報酬率、低風險的商品，有可能嗎？來看看下面這個問題，經常有網友問到，現在房貸利率約 1.56%（2022 年 4 月），如果借錢買進元大高股息（0056）、國泰永續高股息（00878），領取 5% 的股利，如此一來，付完房貸後，還可以賺進 3.4%，如果借 1,000 萬元，1 年不就可以賺到 34 萬元嗎？而且長期投資中華電的風險也很低，這不就是高報酬、但低風險嗎？

理論上來說，低利率時代跟銀行借錢，擴大資金後，確實可以增加報酬率，目前我身上也背了一個信貸和一個房貸，就是借錢來投資股票。但是在討論如何借錢投資股票之前，還是要先寫一下警語。首先，我一直認為「只有不缺錢的人才能做好投資」，如果工作或收入不穩定，借錢投資之後，天天擔心被公司裁員，萬一又不幸遇上股災，恐怕還得賤賣手上的好股票，到時候就是偷雞不著蝕把米了。

所以，借錢之前，一定要先考量自己的工作與收入，絕對不要過度擴張信用，請你一定要把警語聽進去。

以我自己而言，每個月要繳的信貸與房貸金額，不到我當時薪水的一半，而且我是公立學校教師，被裁員的機率接近零，每個月的薪水都會準時發放下來；加上我還有股利、版稅等收入，就算再來一次金融海嘯，我依然付得出貸款，所以我才敢借錢投資股票。

寫完警語之後，接下來探討一下如何靠貸款，同時達到增加資金、增加報酬率，但是又減少風險（不做期貨、選擇權、融資融券⋯⋯）的目的。年輕人如果沒有房屋做擔保，那麼最容易的借錢方式就是信用貸款（簡稱信貸）。

以公務員為例，我在 2015 年跟土地銀行申辦「貼心相貸」（全國公教員工消費性貸款專案），利率是依中華郵政 2 年期定期儲金機動利率加 0.505%（2017 年 8 月為 1.6%），目前免保證人最高可以借到 80 萬元（詳細申辦細節請直接跟銀行洽詢），每月要還款 10,074 元，1 年將近 12.09 萬元。

如果小陳在 30 歲時，申辦 80 萬元信貸買進 8 張中華電（假設股價 100 元），以 5% 現金股利殖利率計算，每年領到的現金股利為 4 萬元（暫時不計算所得稅），只要自己每年從口袋掏 8.09 萬元還款，也就是每個月償還 6,742 元，7 年下來總共只要付出 56.63 萬元，便可以得到 8 張中華電（價值 80 萬元），看起來似乎有利可圖，那麼年平均的報酬率是多少呢？依照下表的計算，年報酬率高達 11.5%。

每年投資8.09萬元 報酬率11.5% 單位：萬元

年齡	第1年	第2年	第3年	第4年	第5年	第6年	第7年	總計
30歲	8.09							8.1
31歲	9.02	8.09						17.1
32歲	10.06	9.02	8.09					27.2
33歲	11.21	10.06	9.02	8.09				38.4
34歲	12.50	11.21	10.06	9.02	8.09			50.9
35歲	13.94	12.50	11.21	10.06	9.02	8.09		64.8
36歲	15.55	13.94	12.50	11.21	10.06	9.02	8.09	**80.4**

看到這裡讀者或許會產生疑問，中華電現金股利殖利率不是才 5%，為何借錢買進的報酬率會拉高到 11.5%？原因很簡單，因為利用低利（1.6%）一次跟銀行借到大筆資金（80 萬元），買進 8 張中華電股票，每年領取 4 萬元現金股利，

等於幫你減少了 4 萬元本金。結論就是，用較少的本金去投資，但有很多張股票可以領股利，當然得到較高的報酬率。

$ 加計課稅因素 借錢買股還是划算

然而，領取股利之後必須併入個人所得繳稅，將來也會實施股利分離課稅。對於存股族來說，股票越存越多的「副作用」，就是稅也要越繳越多。繳稅當然會減慢存股速度，但納稅是老百姓的義務，而且股利所得也無法逃稅，所以要先來討論一下「分離課稅」，然後選擇適合自己的繳稅方式，來幫自己節稅。

2018 年 1 月 18 日，立法院三讀通過《所得稅法》修正案，除了綜所稅 4 項扣除額均予以調高外，在股利所得課稅方面，取消了「兩稅合一半數設算扣抵制」，改為採用合併計稅與分離課稅兩案擇一的方式，第 1 案為併入綜合所得總額課稅，給予股利 8.5% 的抵減稅額、每申報戶上限為 8 萬元，對於一般低所得的散戶較為有利；第 2 案則是採單一稅率 28% 分離課稅，對於高所得與高股利的投資人較為有利。

那麼投資人在領到多少股利之內，可以不用繳交所得稅呢？讓我們將 8 萬元除以 8.5%，得到了 94.12 萬元這個數字，因此可以簡單歸納一下，股利所得在 94 萬元以下，採用合併計稅的話，不僅不用繳股利所得稅，還有機會退稅。那麼要持有多少股票，才可以領到 94 萬元股利呢？

如果以股息殖利率 5% 來計算，持股部位大約是在 1,880 萬元（94 萬元 ÷5%），也就是說，如果沒有其他利息收入，持股部位約為 1,880 萬元，每年領到的股利在 94 萬元以下，股利就無須繳所得稅（但是一樣要繳健保補充費）。

如果是有工作收入的上班族，股利所得究竟是要併入計稅，還是分離課稅，何者較為有利呢？財政部官員表示，股利所得課稅究竟要選擇哪一案，需要視個人所得多寡，以及適用的稅率而定。由於股利分離課稅的稅率為 28%，因此綜所稅稅率在 30% 以上的人，採用第 2 案的分離課稅較為有利；但如果適用綜所稅稅率在 20% 以下，則應選擇第 1 案的合併計稅。

財政部賦稅署表示，納稅人不用擔心選錯股利所得課稅方案，因為綜所稅申報軟體可以幫忙試算，並主動選擇對納稅人最有利的計稅方式；納稅人若適用「稅額試算服務」，國稅局也會以最有利的計稅方式計算，納稅人接到稅額試算通知書後，只要依通知書稅額繳稅或回覆確認即可；若納稅人不會使用報稅軟體，也未接到稅額試算通知書，可以前往國稅局各分局及稽徵所臨櫃申報。

通常會借錢投資股票的，所得稅率應該不會太高，因此以下只討論所得稅率 20% 的情況（所得稅率低於 20%，須繳交的稅金會更少，甚至可以領到退稅，報酬率當然會更高）。

前面提到，借貸 80 萬元買進 8 張中華電，假設繳交 20% 所得稅後，4 萬元現金股利只剩下 3.2 萬元，也就是每年要自付 8.89 萬元的貸款費用，此時報酬率會降到 8.5%，但是一樣高過中華電的 5% 現金股利殖利率，如下表所示。

每年投資8.89萬元 報酬率8.5% 單位：萬元

年齡	第1年	第2年	第3年	第4年	第5年	第6年	第7年	總計
30歲	8.89							8.9
31歲	9.65	8.89						18.5
32歲	10.47	9.65	8.89					29.0
33歲	11.36	10.47	9.65	8.89				40.4
34歲	12.32	11.36	10.47	9.65	8.89			52.7
35歲	13.37	12.32	11.36	10.47	9.65	8.89		66.0
36歲	14.50	13.37	12.32	11.36	10.47	9.65	8.89	**80.5**

$ 依樣畫葫蘆 最終可靠股利自動還款

小陳在繳完7年的信貸後，如果37歲時依樣畫葫蘆，繼續辦第2次的80萬元信貸買進8張中華電，可是別忘記了，上一次信貸結束後已經擁有8張中華電，所以此時共有16張可以領股利，每年可以領到8萬元，繳完20%所得稅之後，股利還有6.4萬元，而每年應付貸款費用同樣為12.09萬元（每月10,074元），扣掉6.4萬元股利之後，只要自費5.69萬元，是不是比上一次的8.89萬元減輕了呢？

算下來，總共7年只要自費39.83萬元，就可以再擁有8張（80萬元）中華電股票，相信聰明的讀者一定會繼續去辦第3次信貸，此時擁有24張股票，每年可以領到12萬元現金股利，扣掉20%所得稅之後還剩下9.6萬元，因此每年只要自費12.09萬－9.6萬＝2.49萬元，7年期滿總共自費17.43萬元，就能繼續擁有8張（80萬元）股票。

等到第4次辦理時，已經有32張中華電在領股利，一樣扣掉20%所得稅後，每年可以領到12.8萬元，已經超過每年12.09萬元的貸款費用，所以不用花自己一毛錢，不僅每年可以領回 0.71 萬元，7 年後還會淨賺 8 張股票喔！把累計 4 次 7 年期，利用信貸投資股票的成果，統計做成下表。

利用4次信貸投資中華電（2412） 單位：萬元							
信貸	應繳金額		持有股票張數	股利	自費金額		7年自費金額
	每月	每年			每月	每年	
第1次	1.007	12.09	8	3.2	0.741	8.89	62.22
第2次	1.007	12.09	16	6.4	0.474	5.69	39.82
第3次	1.007	12.09	24	9.6	0.207	2.49	17.42
第4次	1.007	12.09	32	12.8	-0.059	-0.71	-4.98

說明：中華電以股價100元、現金殖利率5%計算，並假設股利繳稅20%。

上述 4 次信貸需要持續 28 年，總共自費 114.48 萬元，就可以擁有 32 張中華電股票，總價值為 320 萬元，淨賺 205.52 萬元。如果不出清股票，每年可以領到約 16 萬元現金股利，對於退休生活也有不小的助益。

年輕朋友可以將上述方法當成一種強迫儲蓄的投資方式，你會發現每次需要自費的金額會越來越少，此時也可以考慮增加信貸金額（目前最高為 200 萬元，但需要保證人），就能累積更多張股票，為自己創造更多退休金。

因此，自從我在 2001 年開始擔任公職以來，都持續申辦公教人員的低利信貸，只要利率一直維持在低水位，我就會一直申辦，年輕的公務員也可以參考看看。

上面是用利率只有 1.6% 的公教低利信貸來計算，可是並非人人都是公務員，假設一般信貸利率為 2.8%；同樣以 7 年期 80 萬元的信貸來計算，在利率 2.8% 的情況下，每個月要繳交 10,500 元，比公教的 10,074 元多出 426 元，7 年就是多出 35,784 元，當然會拉低一些報酬率。

但是，在 7 年期滿後一樣會得到 8 張中華電股票，辦理下一次信貸時，這 8 張股票就會發放股利幫你繳貸款，繳款壓力一樣會逐漸減輕。

從上面的計算不難看出，就算是風險很低、但報酬率不高的中華電，只要善用銀行低利貸款，就可以用較少的資金創造出更大的利潤。不過上述投資方式，需要自己拿錢出來繳貸款，如果無力或不願意繳交呢？

可否把腦筋動到那 8 張中華電股票上面，靠股利和賣股票來繳貸款呢？請看下面試算表。

以賣股票方式償還信貸				
年度	股票張數	股利（萬元）	欠款（萬元）	賣股張數
1	8	3.20	8.89	0.89
2	7.11	2.84	9.25	0.92
3	6.19	2.47	9.62	0.96
4	5.22	2.09	10.00	1.00
5	4.22	1.69	10.40	1.04
6	3.18	1.27	10.82	1.08
7	2.10	0.84	11.25	1.12
結餘	0.98張			

說明：表中所示股利為繳交20%所得稅後，實際可領股利。

一樣是信貸利率 1.6%，股利繳稅 20% 的情況，貸款 80 萬元買進 8 張中華電後，第 1 年會領到 4 萬元現金股利，繳交 20% 所得稅之後會剩下 3.2 萬元，每年須償還 12.09 萬元的信貸，資金缺口是 8.89 萬元，需要賣出 0.89 張的中華電。持續計算到 7 年繳款結束，還會剩下 0.98 張的股票，價值 9.8 萬元，乍看之下報酬率並不高，但是做的是無本生意，沒有花到自己一毛錢，算是淨賺。

以上是以中華電為例說明，然而自 2017 年起中華電殖利率只剩 4% 左右，可以改存元大高股息（0056）、國泰永續高股息（00878），每年約有 5% 殖利率。

信貸的缺點就是金額少，且不是人人都能拿到超低的利率，想跟銀行借到更多錢、要求更低的利息，需要提供擔保品給銀行，例如房貸。一般人繳完 20 年房貸之後，也已經接近退休年齡了，公教人員經歷年金改革之後，退休金更少了，想要維持適當的退休品質，就要將腦筋動到房子上面，除了可以抵押房子借錢做投資之外，目前銀行也提供「以房養老」的業務。

$ 以房養老 可解決基本生活問題

所謂的「以房養老」，就是有屋族把房子抵押給銀行，由銀行分 30 年期，每月提供生活費讓你養老。儘管房子已經抵押給銀行，但還是可以繼續居住，無須到處租屋，等身故之後，銀行便會將房子拍賣，拍賣的錢扣除以前支付的費用，如果還有餘額，就會分配給家屬。

以下引用中國信託銀行以房養老貸款方案來說明，假設房屋價值 2,000 萬元，以房養老最多可以貸款 7 成，如果貸款 6 成就是 1,200 萬元，銀行會分成 30 年來支付給你，每年就是 40 萬元（每月 3.33 萬元）。

來對比一下，如果出售房子來當生活費，然後租屋過生活，會不會比較好呢？首先要考量未來房租會不會上漲？房東願不願意租給老年人？要不要經常搬家？能夠習慣租屋的環境嗎？再來就是，賣屋後的這一大筆錢，萬一管理不當、投資虧空了怎麼辦？相對之下，「以房養老」就比較安心，不過還是要注意以下幾個問題：

問題1 房貸利率

以房養老就是拿房子向銀行貸款，由銀行分期給付生活費，既然是貸款，就需要支付利息，中國信託銀行以房養老貸款方案的利息為 2.13%（2022 年 5 月）。只要是貸款，就一定要關心未來利率走勢，目前台灣是處於比較低的利率環境，萬一未來 30 年以房養老期間，利率突然升高，貸款利息也會增加。

問題2 生活費越來越少

開辦初期，銀行每個月會給付你 3.33 萬元，但隨著銀行付給你的資金越來越多，每個月的利息負擔也會越來越重。舉例來說，如果從 60 歲到 75 歲每年領取 40 萬元，銀行總共已付給你40萬×15年＝600萬元，以2.13%利率計算，每年利息是12.78萬元（每月1.065萬元），因此每個月可以實際使用的生活費只剩下2.265萬元（3.33萬－1.065萬）。

由此可見，隨著年紀越來越大，銀行總共付給你的金額越來越高，利息也要越繳越多，生活費就會越來越少了！不過依照目前的設計，每個月的利息最多不能超過給付金額的三分之一（本例中為1.11萬元），因此在76歲之後每個月的利息就固定為1.11萬元，也就是可以維持每月有2.22萬元的生活費可使用。

問題3 通膨影響

年紀越大，利息越繳越重，生活費越來越少，但是生活開銷卻因為通膨而越來越高，以房養老的金額還足夠使用嗎？

講完了「以房養老」的概念後，再來談談哪些人比較適合以房養老呢？

族群1 不擅長投資

辛苦工作一輩子，只擁有一間房產，身上也沒有太多儲蓄，萬一將來政府的退休金越改越少，又不懂投資理財，此時就可以把房子抵押給銀行，取得每月固定的生活費，解決退休後的生活問題。

族群2 不需要留房產給子女

如果沒有子女，或者是子女已經自購房產了，就可以用房子向銀行借現金，讓老年生活過得更舒適。

對於每個人來說，退休是很重大的議題，我的建議還是：趁年輕時努力做好投資，將來可以靠著好公司發放的股利來安享晚年；對我來說，以房養老是最後的選項，因為年輕時買房需要付利息給銀行，老了之後以房養老還要付利息給銀行，一直在支付利息，房子變成負債了。

$ 用理財型房貸調節資金 靠ETF做價差

「以房養老」需要一直付利息給銀行，如果覺得不划算，還有更好的方法可利用嗎？其實我都是把房產當成一個大水庫，用來調節我投資股票的資金，需要資金時就靠房產來跟銀行搬錢。

我在《每年多存300張股票》書中提過利用理財型房貸與一般型房貸來投資股票的觀念，兩者都需要用房產抵押，最大的差別在於利率，以2017年8月而言，理財型房貸約2.5%，一般型則是1.6%；再來的差別在於時間的機動性，讓我們來探討一下吧！

理財型房貸的好處是機動，可以隨借隨還，並且按日計息，但缺點就是利率比較高。「按日計息」與「隨借隨還」的特性很適合短期間的資金周轉，所以我主要是拿來賺取股票的價差，說明如下：

說明1 安全性

借錢買股票做價差時，我會把安全性擺在第1順位，所以分散到幾十家公司的ETF會是我優先考量的目標，因為可以避開單一個股的風險。

說明2 借錢時間不長

由於理財型房貸的利率稍高，我會把握「快速進出」的原則，賺到就跑，盡量避免把股票放著而一直繳貸款利息。

說明3 穩定的股利

借錢投資，絕對要考慮意外因素，2022年初俄烏戰爭開打，導致全世界股市大震盪，很可能買進的股票會統統被套牢，但只要股票的股利超過貸款的利息，就能夠抱牢持股來等待轉機。

說明4 鎖定 ETF 做價差

基於上述論點，元大高股息（0056）是我的選擇之一，除了不可能變成壁紙之外，從成立至 2021 年的平均現金股利殖利率約有 5% 多，超越 2.1% 的理財型房貸利率，可以靠股利來繳利息。

既然選定了 0056，那麼要如何做價差呢？我在《每年多存 300 張股票》書中，講解過利用低點爆大量的指標來操作 0056 賺價差，其實做價差最考驗的是人性，當股價下跌、市場瀰漫悲觀氣氛時，股票投資人的內心會不斷地受到煎熬；而當股價持續下跌、恐慌情緒累積到最高點時，投資人會不約而同集體賣出股票，也就會出現成交爆大量的情況了。

不過還是要提醒一下讀者，股票除了有人賣出，還要有人買進才能成交，爆大量時又是誰在買股票呢？ 0056 平時 1 天只有幾千張的交易量，當崩盤到低點時，1 天甚至可以出現 10 萬張的交易量、超過 30 億元的成交值，這是有錢人買的？還是小資族買的？誰有這個資金呢？大家都聽過「投資股票，10 個中有 9 個在賠錢，只有 1 個賺到錢。」請問你要跟那9個賠錢的一起行動？還是跟賺錢的那一個呢？

有錢人了解「當別人恐慌時，我要貪婪。」因此寧可耐心等候，等到散戶集體恐慌、不約而同倒出股票時，再來一次大收割。請看看下圖，當0056持續盤跌而且出現低點爆大量時，通常是買進的好時機。

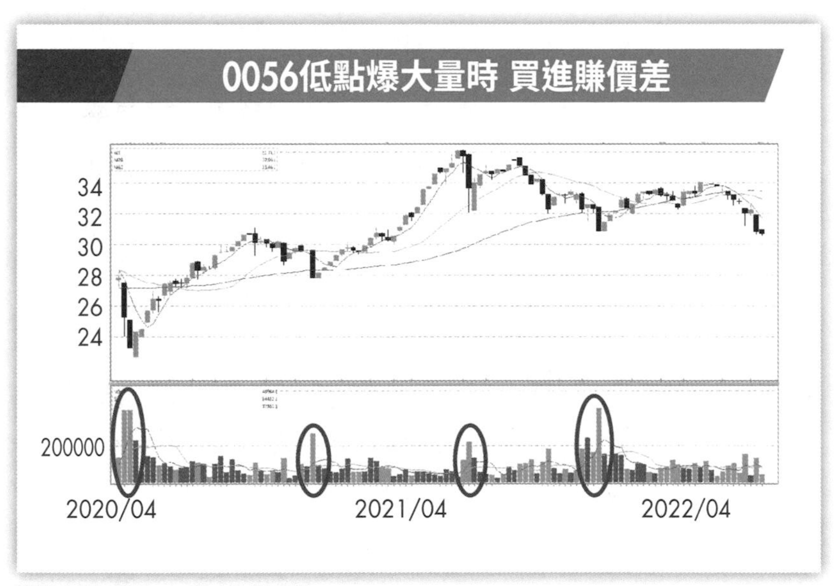

資料來源：CMoney法人決策系統

❶恐慌時買進：成交爆大量就是眾人在恐慌拋售，此時的股價當然會被打壓到低點。投資0056要把握「人棄我取」

的原則，善用別人的恐慌來找買點。

❷**賺夠就賣**：利用低點爆大量的方法可以找到買點，那要怎樣找賣出的時間點呢？我相信沒有人可以預測未來，但是我們可以用理性來找賣點，2018～2021年0056平均每年約發放1.6元現金股利，因此當價差賺超過1.6元時，我會利用「倒三角形賣法」（請參考《每年多存300張股票》一書），逢高慢慢出脫股票。

❸**付息天數少**：每次借錢買進0056到賣出，持有股票時間約3～6個月，只有這段期間才需要付理財型房貸的利息，賣出股票後錢回到帳戶，相當於把錢還給銀行，就不用付利息了。因此儘管理財型房貸利率比較高，只要不是長期持有，用來做價差還是划算的。

❹**耐心等機會**：上頁圖中的操作，從2020～2022年這3年中總共只做了4次買賣，而非頻繁進出。「耐心」是投資人最優良的品德，高手總是會耐心等待買進時機；就如同岸邊的鱷魚，可以張大嘴巴等待一整天，一旦獵物到手，飽餐一頓之後可以撐上好幾個月，再耐心等待下一頓大餐的降臨。

一般型房貸 用別人口袋的錢累積資產

既然理財型房貸具有機動、按日計息的優點，那麼有需要申辦一般型房貸來投資嗎？我年輕時只申辦理財型房貸，可是人算不如天算，2008 年金融海嘯降臨，靠著理財型房貸買進的股票慘遭套牢，當時利率超過 3%，我又不知道會被套牢多久，所以將這筆房貸轉換到公教人員的低利一般型房貸，當時利率才 1.64%，比較適合股票套牢之後的長期抗戰。

由此可見，如果要長期存股投資，還是要選擇利率較低的一般型房貸。一樣以公教人員的房貸來說明，2017 年 8 月利率為 1.56%，假設借貸 1,000 萬元，分 20 年償還，每個月的繳款金額是 48,530 元，1 年就是 58.236 萬元。

如果在股價 100 元時買進 100 張中華電，假設現金股利殖利率為 5%，第 1 年可以領到 50 萬元現金股利，假設要繳交 20% 所得稅，剩下的 40 萬元股利並不足夠支付每年 58.236 萬元貸款，必須賣 1.82 張的股票來償還。持續 20 年，繳清房貸之後還剩下多少張股票呢？先來看看下頁的試算表。

房貸利率1.56%假設股利繳稅20% 單位：萬元									
年度	股票張數	股利	欠款	賣股張數	年度	股票張數	股利	欠款	賣股張數
1	100	40.00	18.24	1.82	11	78.11	31.24	26.99	2.70
2	98.18	39.27	18.97	1.90	12	75.41	30.16	28.07	2.81
3	96.28	38.51	19.72	1.97	13	72.60	29.04	29.20	2.92
4	94.31	37.72	20.51	2.05	14	69.68	27.87	30.36	3.04
5	92.26	36.90	21.33	2.13	15	66.64	26.66	31.58	3.16
6	90.12	36.05	22.19	2.22	16	63.48	25.39	32.84	3.28
7	87.90	35.16	23.07	2.31	17	60.20	24.08	34.16	3.42
8	85.60	34.24	24.00	2.40	18	56.79	22.71	35.52	3.55
9	83.20	33.28	24.96	2.50	19	53.23	21.29	36.94	3.69
10	80.70	32.28	25.96	2.60	20	49.54	19.82	38.42	3.84
結餘	45.7張								

20 年房貸的總繳款金額是 1,164.72 萬元（58.236 萬×20 年），但是 20 年下來總共領取了 621.69 萬元現金股利（繳交 20% 所得稅後），尚欠 543 萬元，必須賣出 54.3 張中華電，因此最後還會剩下 45.7 張股票。來小結一下，借貸 1,000 萬元房貸，20 年下來不用出自己一毛錢，靠著股利與賣股票來償還房貸，還可以淨賺 45.7 張中華電股票，每年可以領到 22.85 萬元的現金股利，也是不無小補。

如果覺得 20 年只有存到 45.7 張股票，好像少了一點，有沒有辦法可以增加報酬？最簡單的方法當然是增加貸款金額，如果是借貸5,000萬元，將來就可以免費得到228.5張股票，不僅價值2,285萬元，還可以年領114.25萬元現金股利。

從上面的說明，相信大家不難理解，為何會「富者越富、貧者越貧」，高喊公平正義也是無濟於事，人還是要靠自己。其實靜下心來想一想，遊戲規則是公平的，我們一樣可以靠著低利房貸來累積資產。

前面寫到，如果只是靠股利來繳貸款，每年大約會有18.24萬元的資金缺口，需要賣股票來補足；如果是用薪水來負擔呢？每個月只需要1.52萬元，就當作是強迫儲蓄吧！但是在20年之後，總共只付出364.8萬元，就會擁有100張、價值1,000萬元的股票，總獲利為635.2萬元，而且每年可以領到50萬元現金股利，絕對好過把錢放銀行定存。

房子究竟是資產，還是負債？其實端看你的理財知識及處理的方法，為什麼有錢人會這麼熱衷買進豪宅？因為可以把它當成生財工具，善用現在低利的環境，從銀行借出大筆資金來買進股票，只要靠著股利繳交房貸，將來就可以得到許多免費的股票，資產會越來越多，房子也越買越多。

反觀一般小資族，因為不懂、也不敢投資，只好把辛苦賺來的錢放在銀行，領取少到可憐的利息。根據 2021 年底金管會銀行局的統計，台灣銀行業總存款金額高達 50 兆元，銀行已經錢滿為患，根本不需要提高利息來吸引資金，所以定存的利率就趴在那裡。

但是有錢人嗅到了低利率的商機，利用房貸來投資，賺進大把的股票跟股利，然後再把獲利拿去買更多房產，接著再貸款出來繼續買股票、買房子……

對富人來說，房子就是會生財的「資產」。只是有錢人在累積資產的過程中，會間接拉高房價並造成通膨，導致一般小資族越來越買不起房子，只好把資金放銀行定存；結果就是讓有錢人用很低的利息把錢借出來投資，然後再買進更多房子，最後就是一直惡性循環下去。在低利的時代，如果不懂投資理財，只敢把錢放銀行定存，生活會越來越艱難。

$ 找到適合自己的方法 要成功不難

最近有個朋友寫信給我，2009 年股市大跌時，他跟媽媽商量後，用媽媽的房子借了400萬元的理財型房貸，買進50張股價80元的統一超（2912），當時利率3%，每年要繳12萬元利息，不過光靠統一超的股利，就可以負擔房貸利息。他一直抱股到2015年，因為要結婚買房，所以在250元的價位出清統一超，扣掉400萬元的貸款之後淨賺約850萬元。

之後他貸款1,100萬元買進市價2,000萬元的房子，後來銀行重估後將房屋價值提升到3,000萬元，他又繼續借出1,000萬元的理財型房貸來投資股票，這是一個很厲害的靠借錢投資賺錢，然後買房的故事。

來分析一下，他為何敢在2009年一次買進50張統一超？統一超算是通路業的霸主，在雙北市幾乎街頭巷尾都看得到它的蹤影，不管是消費、繳款或取貨，現代都市人已經離不開小7了，因此公司具有很深的護城河。儘管2009年金融海嘯肆虐全球，統一超的EPS仍然較2008年成長。

投資股票，很多人都會害怕公司倒閉、股票變壁紙，特別是在股災的時候；但是請你靜下心來想一想，有持續穩定賺錢的公司，怎麼可能倒閉呢？就算是股災，小7裡面一樣是擠滿人群，數錢數到手抽筋，怎麼可能倒閉呢？因此抓住股災，在股價便宜時勇敢借錢買進，實在是勝率很高、風險極低的投資，難怪可以大賺850萬元出場。對了，他沒有花到自己一毛錢，只是利用大家放在銀行的存款。

既然這樣看好統一超，為何要在2015年賣出，不長期持有呢？正因為大家都知道統一超的好處，所以股價被一直往上推升，最近幾年現金股利殖利率只有3%左右，其實已經跟他的貸款利率差不多；再來就是超商密度已經到了極限，不容易持續成長下去，所以賺夠了之後逢高出脫，再投資其他具有潛力的好股票。

我常常覺得，要成功其實並不難，只要找到成功的模式，然後一再地複製即可，上面這位朋友就是如此，一再地重複成功的經驗，持續打造自己的資產。不過，當初他借錢買統一超，是在金融海嘯的低點，如果是萬點的相對高點，還適合借錢買股票嗎？

說明1 做好資金分配

他的房子估價3,000萬元，但已經借貸了2,100萬元的房貸，我勸這位朋友適度獲利了結一些股票，減少房貸的壓力。假設他先償還500萬元的貸款，將來一旦碰上股市大跌，就等於他有一個 500 萬元的額度可以逢低加碼，獲利程度會更可觀。

說明2 善用貸款特性

股市高點時，我會使用機動、隨借隨還的理財型房貸，專注在短時間的價差操作（例如0056），不會把資金停留太久，才可以避免因為利率較高而繳交太多利息；但是當股市崩盤到低點時，我會使用利率低的一般型房貸，買進便宜的好股票，並利用股利來付利息，只要能夠堅持到股市反彈，就能賺進不少的股利和價差。

說明3 留意所得稅率

如果是靠房貸來存股票，然後領股利繳貸款，就必須注意一下個人的所得稅率，稅率越高要繳越多稅，因此不見得有利。實施股利分離課稅後，實際領到的股利肯定會更少，也會降低存股的效率，幸好，證券交易所得稅（證所稅）已經被廢除了，做價差反而不用繳稅，投資人可以善用便能達到節稅效果。

說明4 只買績優股

借錢買股票一定要把風險擺在第一，因此我只會買進獲利穩定的績優龍頭股票，例如不受景氣影響的電信三雄，還有就是分散到數十家公司的 0050、0056 等，此外，受到政府保護的官股金控，例如第一金、兆豐金、合庫金、華南金……等公司，都是不錯的投資標的。

這類好公司的特點是「可攻可守」，就算短期內股價沒有上漲，也可以靠穩定的股利來繳交貸款利息，具有防禦性；只要買在股價的低點，或者是公司具有成長動力，將來還可以賺進價差，兼具攻擊性。

說明5 不碰股票質押

如果手上有長期投資的股票，是不是也能夠拿去質押借錢買股票呢？ 2016 年初金管會核准券商開辦不限用途借貸業務，但為了避免影響到融資券業務，初始利率行情約在 4.5%，不過由於市場競爭激烈，利率行情急轉直下，2017 年中很多法人、大戶的利率已下殺到 1.8%，甚至比銀行的信貸利率還要低。

目前用股票質押借款，券商可讓客戶借貸約 5 成的資金，但是與房貸相比，股票價格波動極大，因此必須顧慮到質押股票的價值減損，當股災導致股價重挫，使得質押股票的維持率不足，券商就會要求你拿更多股票來擔保，或是請你先償還部分借款，否則券商就會賣掉你的股票。

如此看來，股票質押會有很高的不確定性風險，當股災降臨之際，已經為了下跌的股票焦頭爛額，卻還要因為股票質押維持率不足而煩惱，不僅要到處籌措資金還款，甚至會被券商賣出質押的股票。這種不確定性很高的借錢投資，我寧可少賺，也不願意去承擔未知的風險。

$ 擔心退休金縮水 靠自己打造聚寶盆

公教人員的退休年金在 2017 年被大幅刪減，相信不是大家所樂見的，造成年金改革的主要導火線，是政府財政困難，未來在出生率大幅降低、稅收減少的情況下，恐怕難保不會有下一波的改革？

退休金的改革重點，不外是「多繳、少領、晚退」，每個月要繳交更多的錢，工作到更老的年紀，然後領取更少的退休金，我想沒有人樂於接受吧？況且，退休基金破產的消息已經不是新聞了，如果年輕人辛苦工作了一輩子，退休基金居然破產，領不到退休金，絕對不會有人接受吧？但是如果已經破產了呢？就算不接受，你還有其他的選擇嗎？

未來的事情很難預測，就如同30年前的公教人員，也很難想像在為國家服務了一輩子，將來年老退休之後，還要為了退休金而上街頭抗爭吧？那麼現在年輕的勞工朋友們，你們敢保證年老後可以領到足夠的退休金嗎？未來的事情真的很難預測，與其煩惱不可預測的退休金，還不如把握現在，趁年輕時自己打造退休金。

我前前後後換過6個工作，還要扶養3個小孩，我可以理解「薪水連生活都不夠，哪裡還有閒錢做投資」的感受，所以我善用公教人員的低利信貸，以及理財型、一般型房貸，善用別人存在銀行的資金，幫我打造自己的退休金。我相信這是大家都可以做到的事情，低利率時代，廉價的資金就是打造退休聚寶盆的最佳推手。

此外，要努力把房產變成「資產」，讓它成為幫你工作賺錢的工具。例如從30歲開始貸款買房，辛辛苦苦繳完20年的房貸之後，房子就只剩下「居住」一個用途，只能每年繳交地價稅和房屋稅嗎？

如果從50歲開始，善用低利房貸來投資股票，70歲時就能擁有更多的股票，可以靠著股利現金流來彌補退休金的缺口，不就可以不用看政府退休金的臉色了嗎？

而且這些股票資產還可以傳承子孫，持續幫他們打造退休金。低利率的時代，銀行提供豐沛廉價的資金，必須懂得去善用，幫自己及子孫打造退休的聚寶盆。

最後，還是要再來寫一下警語，借錢投資一定要把風險擺在第一位，只有不缺錢的人才可以做好投資。我目前背負了信貸跟房貸2個貸款，所以我持續上班工作，在收入無虞之下，才能夠安心地借錢投資。此外，我只賺安全穩定的「保守財」，也就是只投資好公司的股票，靠著複利與時間來幫我累積資產。

我不貪圖暴利，絕對不會借錢買進投機性的股票，讓自己置身在不可預料的風險之中。

不敗教主存股心法2022修訂版：
教你存自己的300張股票

作者：陳重銘

總編輯：張國蓮
責任主編：李文瑜
美術設計：楊雅竹、蘇月秋、黃慈玉
封面攝影：張家禎

董事長：李岳能
發行：金尉股份有限公司
地址：新北市板橋區文化路一段268號20樓之2
電話：02-2258-5388
傳真：02-2258-5366
讀者信箱：moneyservice@cmoney.com.tw
網址：www.moneynet.com.tw

製版印刷：科樂印刷事業股份有限公司
總經銷：聯合發行股份有限公司

二版1刷：2022年6月（2022修訂版）

定價：380元

國家圖書館出版品預行編目（CIP）資料

教你存自己的300張股票／陳重銘著.
-二版.-新北市：金尉股份有限公司,
2022.06　面；　公分
ISBN 978-986-06732-4-1(平裝)
1.CST: 股票投資 2.CST: 投資技術
3.CST: 投資分析
563.53　　111007102

Money錢

Money錢